LE RIRE

[法]亨利·柏格森——著

李怡锐——译

笑的哲学

北方联合出版传媒(集团)股份有限公司

万卷出版有限责任公司

序

本书收录了曾在《巴黎评论》上发表的三篇关于笑（或者说是由滑稽所引发的笑）的文章。当笔者将这三篇文章汇编成册时，也曾自问是否应深入审视前人的观点，并对笑的理论进行全面的批评。但如此一来，论述将过于复杂，本书的篇幅亦无法涵盖该主题的重要性。此外，滑稽的主要定义已通过文中的相关例证直接或间接地论述一二，尽管有些是一笔带过。

其他作品陆续发表于本书初版之后，参考书目亦有所扩充。除对格式有所改动外，笔者并未对原作做任何改动。当然，这并不意味着上述著作未能在笑的研究方面有所进展，而是因为笔者所采用的方法旨在明确滑稽的产生过程，而普遍采用的方法则是将滑稽效果框定在极为宽泛且简单的公式中。这两种方法互不排斥，但后者所能达成的效果无法改变前者所得出的结果。在笔者看来，唯有前者具备科学的精确性与严谨性。这是笔者在本版附录中提请读者注意的一点。

亨利·柏格森

1924 年 1 月于巴黎

目 录
Contents

第一章

滑稽概述——
形式滑稽与动作滑稽——
滑稽的感染力

笑的意义何在？可笑的本质为何？在小丑怪相、文字游戏、滑稽剧中的张冠李戴与高级喜剧场景之间，究竟有何共同之处？林林总总的滑稽作品或散发难挨的气味，或逸出淡雅的清香，究竟通过何种提炼方式才能始终获得相同的精华？自亚里士多德以来，最伟大的思想家都曾试图解决这一小问题，它总是努力闪躲、溜走、逃脱，又突然出现，对哲学思辨提出无礼的挑战。

　　我们之所以要回过头来探讨这一问题，是因为我们并不满足于定义滑稽精神。我们首先将它视作有生命之物。无论它如何微不足道，我们都将以生命应有的尊重来对待它，集中观察它的成长与绽放。我们将看到它从一种形式逐渐转变为另一种形式，从而实现最为奇特的蜕变。我们将绝不轻视所看到的一切。或许，我们还能从这种持续的接触中获得比抽象的定义更为灵活之物，譬如某种从深情厚谊中产生的真知灼见；或许，我们还会在无意间结识良师益友。滑稽精神自有其逻辑，即使是在最疯狂古怪的行为中，亦合乎情理。我承认，滑稽精神是在做梦，但它在梦中幻化出即刻能被整个社会接受和理解的幻象。它怎能不为我们揭示人类想象力，尤其是社会、集体和大众想象力的运作方式呢？滑稽精神源于现实生活，又与艺术息息相关，它怎能不告诉我们对艺术和生活的看法呢？首先，我们将提出三点基本看法。其重点并不在于滑稽本身，而在于到何处寻找滑稽。

一

　　提请各位注意的第一点是：滑稽并不存在于严格
意义上的人类范畴之外。风景既可能美丽、幽雅和崇
高，也可能渺小和丑陋，但它永远不会令人发笑。我
们嘲笑一只动物，是因为在它身上捕捉到人的态度或
表情；我们嘲笑一顶帽子，但笑的不是毛毡或稻草，
而是人赋予它的形状，即人在设计帽型时的心血来
潮。奇怪的是，如此重要、如此简单的事实，却未引
起哲学家们更多的注意。许多哲学家将人定义为"一
种会笑的动物"。他们倒不如将人定义为"一种引人

发笑的动物"，因为倘若其他动物或无生命的物体同样引人发笑，那也是因为它们或与人相似，或带有人的烙印，或为人所用。

需指出的第二点是：无动于衷作为同样值得注意的表征，通常伴随笑而来。滑稽只有落在心如止水的灵魂表面时才能产生震撼人心的效果。无动于衷是灵魂的自然环境。笑的头号敌人莫过于情感。我并不是说我们不能笑一个值得怜悯之人，甚至是爱慕之人：只是在这种情况下，我们必须暂时忘却爱慕之情、收起怜悯之心。在纯粹的智识社会中，或许不会再有眼泪，但兴许还会有笑声；而那些高度敏感的灵魂与生活相契合，任何事情都会引发情感的共鸣，他们则既不熟悉也不理解笑。不妨尝试对一切言行感兴趣，在想象中行他人所行，感他人所感，总之，展现出最充分的同情心：正如仙女一挥动魔杖，就能看到鸿毛都瞬间变得有分量，万物都染上浓墨重彩的色调。现在，若抽身而出，作为冷漠的旁观者来看待生活，许多悲剧都会变成喜剧。在舞蹈沙龙里，只消捂住耳朵隔绝音乐，舞者立时看上去就变得可笑。有多少人类行为能经受住这样的考验呢？如果将行为与伴乐隔绝，不就会看到许多行为突然从严肃变得滑稽吗？因此，滑稽需要某种短暂的心脏麻醉才能充分发挥其效果，它诉诸的是纯粹的智识。

然而，这种智识必须与其他智识保持联系。这是提请各位注意的第三点。倘若人感到孤立无援，他就很难欣赏滑稽。笑似乎需要回声，仔细倾听：它不是一种清晰、利落、明确之音；它是一种由近及远回响不绝之音，一声巨响后轰鸣连连，如同山谷的雷声。不过，这种回响不可能永远持续下去。它可以在尽可能大的范围内传播，但范围终究有限。我们的笑始终是群体之笑。或许，您曾坐在火车车厢或酒店餐桌旁，听到旅人们互讲故事，这些故事对他们来说一定很滑稽，因为他们笑得很开心。如果您是他们当中的一员，您也会像他们一样大笑；但您不是他们当中的一员，所以您根本不想笑。当有人被问及为何所有人都在布道会上落泪而他却不为所动时，他回答道："我不是这个教区的人。"这个人对眼泪的看法，用在笑上更为贴切。无论笑看起来如何坦率，它总是藏有言外之意，甚至是与其他真实或虚构的笑者的心照不宣。人们常说，剧院坐得愈满，观众笑得愈厉害。人们还说，许多滑稽效果无法从一门语言翻译成另一门语言，因为它们涉及特定社会的习俗和观念。然而，正因为不了解这两个事实的重要性，人们才会将滑稽视为一种单纯的、仅供消遣的好奇心，而将笑本身视为一种与人类其他活动无关的、奇怪的、孤立的现象。因此，那些倾向于将滑稽变成概念之间的抽象关系的定义，诸如"智力的对比""明显的荒谬"等，尽管的确适用于各种形式的滑稽，却丝毫无法解释为何滑稽引人发笑。事实上，为何这种特殊的逻辑关系一出现，就会使我们收放四肢、前仰后合，而其他所有的逻辑关系却使我们的身体置若罔闻呢？我们不会从这个角度来探讨这一问题。要理解笑，就必须把笑置于其自然环境，即社会中；尤其要确定笑的功效，即其社会功能。这将是我们所有研究的指导思想。笑必须满足社会生活的某些要求。笑必须具有社会意义。

让我们明确指出三点基本看法的交叉点：当一群人都将注意力集中在其中一个人身上，抑制情感，仅发挥智识时，滑稽就会产生。目前，他们的注意力应当集中在哪一点上？智识的作用是什么？回答了这些问题，就能够更接近问题所在。在此，必须列举几个例证。

二

　　一个人在街上奔跑，一个趔趄摔倒在地：旁人见了登时笑了起来。我想，倘若旁人假设他突然心血来潮，想坐在地上，则不会笑他。他们笑的是他身不由己地坐了下来。由此可见，可笑的不是他突然转变姿态，而是他不由自主地转变姿态，亦是他的笨拙。或许路上有块石头。他本应调整步伐或避开障碍物。但由于身体的僵硬、心不在焉或固执己见，由于惯性或冲力，当情况要求做出改变时，他的肌肉却继续做着相同的动作。这就是那人摔倒的原因，也是旁人笑的原因。

再拿一个人举例，他能精确地处理日常生活中的琐碎事务。然而，他周围的物体都被某位恶作剧者动了手脚。当他用钢笔蘸墨水时，却发现笔头满是污泥；当他以为自己坐在一把牢固的椅子上时，却仰翻在地。总之，在惯性的作用下，他的行动或颠三倒四，或到处扑空。习惯势如破竹，他本应停止或改变运动，但他无动于衷，机械地沿着直线前进。恶作剧的受害者与跌倒的奔跑者处境相似，都是出于同样的原因而变得滑稽。这两种情况的可笑之处在于，当期望在人身上找到高度的适应性与灵活性时，却只发现某种机械的僵化。这两种情况的唯一区别在于，前者靠自发生成，旁人只是观察者；而后者则由人为制造，恶作剧者是介入者。

尽管如此，在这两种情况下，都由外部环境决定效果。因此，滑稽具有偶然性：可以说，它停留在人的表面。那滑稽又是如何潜入人心的呢？机械的僵化不再需要环境之偶然或人之狡黠为其设置绊脚石，而是通过自然而然的过程，从自身不断汲取外显的机会。不妨试想一个人总是在想他刚做过的事情，而非他正在做的事情，如同总是落后于伴奏的旋律。又或者试想一个人的感官与智识具有某种先天的愚钝，这使得他持续观察不可见之物，倾听不可听之声，讲述不相干之语，最后当他理应根据当下的现实来塑造自我时，却在适应过去与虚构的情境。这一次，滑稽在他身上安身立命：他将为滑稽提供一切——物质、形式、原因和机会。方才所描述的心不在焉之人通常会激发喜剧作家的创作热情，倒也不足为奇。当拉布吕耶尔在创作中遇到此类人物时，他通过分析理解，掌握了批量制造滑稽效果的秘诀。但他滥用了这一秘诀，他对梅纳尔克的描述过于冗长与详细，对主题的强调与重复过于极端。主题的轻松性令他着迷。心不在焉或许并非滑稽的真正源头，但它必然是从源头直接流出的某条事实与思想的支流，位于笑的巨大分水岭之上。

然而，心不在焉的效果还可以进一步加强。我们刚才所说的便是一条普遍规律的初步应用，具体可表述如下：当某种原因作用于某种滑稽效果时，原因愈自然，效果就愈滑稽。当心不在焉作为简单的事实呈现在我们面前时，不免显得滑稽可笑；当我们目睹心不在焉的产生与发展，知晓它的来龙去脉时，则更令人忍俊不禁。举例来说，假设一个人只读爱情或骑士小说，痴迷于书中的人物，他的思想和意志便会逐渐向他们靠拢，甚至会如梦游者般踟蹰于人群之中。他的行动心不在焉，但都有明确的、积极的原因。他的心不在焉不再是纯粹的、简单的缺席，而是能够用人物在相当明确的、尽管是虚构的环境中的存在来解释。诚然，摔跤就是摔跤，但因为东张西望而落井是一回事，因为仰望星空而落井又是另一回事。堂吉诃德自然是在仰望星空。浪漫主义与乌托邦精神蕴含着何等深刻的滑稽啊！不过，倘若将心不在焉的概念作为桥梁，便能看到极为深刻的滑稽与最为肤浅的滑稽建立起联系。诚然，这些空想家、狂热者、出奇理智的疯子，他们弹奏着与我们内心相同的和弦，启动相同的内部机制，就像对待恶作剧的受害者或街上的摔跤者那般，使我们发笑。但他们也是跌倒的奔跑者，是被愚弄的天真者，是被现实绊倒的理想追逐者，是被生活虎视眈眈的坦荡梦想家。但最重要的是，他们是心不在焉的大师，超越他人之处不仅在于围绕某个中心思想组织起来的系统性的心不在焉，而且在于被现实用来纠正梦想的毫无破绽的逻辑所紧密联系的不幸遭遇，这些相互叠加的效果在他们周围激起无限延展的笑声。

现在，让我们再往前进一步。固定观念的僵化对精神的影响，不正如某些恶习对性格的影响吗？无论是本性上还是意志上的歪曲，恶习通常表现为灵魂的扭曲。毋庸置疑，有些恶习会扎根于充满内在生命力的灵魂之中，重新焕发活力，并不断变换形态。这些都是悲剧性的恶习。但使我们变得滑稽的恶习，恰恰是外部强加给我们的恶习，如同要求我们踏足其中的现成框架。它将僵化强加给我们，而非借鉴我们的灵活性。我们并不使它复杂化，相反，它使我们简单化。我们将在本研究的最后部分详细阐明，喜剧与悲剧的本质区别就在于此。即使悲剧刻画的是有名有姓的激情或恶习，它也会将它们完美地融入人物，以至于它们的名字被遗忘，它们的一般特征被抹去，我们根本不再想到它们，而是想到被它们同化的人物：因此，悲剧的标题只能是专有名词。相反，许多喜剧的标题都是普通名词，譬如《悭吝人》《赌徒》等。倘若我请您想象一出名为《嫉妒者》的剧目，您会想到

《斯加纳雷尔》或《乔治·唐丹》，但不会想到《奥赛罗》——《嫉妒者》只能是喜剧的标题。原因在于，尽管滑稽的恶习与人密切相关，但它仍能保持简单而独立的存在；虽然它无影无形，但它仍是舞台上有血有肉的人物所依附的核心。有时，它喜欢以一己之力拖着他们，和他们一起滚下山坡。但更多的时候，它把他们当作乐器来演奏，或把他们当作木偶来拉扯。

仔细观察，您会发现：喜剧诗人的艺术就在于让我们熟知这种恶习，让我们这些观众亲近它，最终从它手里接过操纵木偶的提线，并由我们来拉扯木偶；我们的部分乐趣便来源于此。在此，使我们发笑的是一种机械性，类似于单纯的心不在焉。若想证明这一点，只消指出，滑稽人物的喜剧性通常与他对自己的无知成正比。滑稽人物是无意识的。他仿佛佩戴着具有反向效果的裘格斯戒指，对其他人可见，唯独对自己隐身。悲剧人物并不会因为知晓我们对他的评价而改变自身的行为；他会坚持自我，即使他完全意识到自己是谁，即使他清楚地感受到他在我们心中激起的恐怖。然而，可笑的缺点一旦觉察到自身的可笑，就会设法自我修正，或者至少看起来如此。倘若阿巴贡看到我们嘲笑他的贪婪，虽不见得会改过迁善，但至少会收敛自我，或以其他方式表现出来。所谓笑能"匡扶正气"就是这个意思。笑使我们即刻摆出应有的模样，或许，也是我们终有一天想成为的模样。

暂时没必要进一步分析了。从跌倒的奔跑者到被愚弄的天真者，从被愚弄到心不在焉，从心不在焉到狂热，从狂热到性格和意志的扭曲，我们沿着滑稽愈发深入人心的发展历程，却在其最微妙的表现形式中，不断回想起在其粗俗形式中所看到的机械和僵化的效果。现在，我们可以初步窥见人性中可笑的一面以及笑的一般功能，尽管从远处看仍旧是模糊的一瞥。

生活和社会要求我们每个人时刻保持警醒，洞察当前形势，具备某种得以应对当前形势的身心弹性。

张力和弹性是生活中相辅相成的两种力量。如果这两种力量在身体上有所缺失，就会出现各种意外、伤残和疾病；如果在精神上有所缺失，就会出现不同程度的精神缺陷和不同类型的精神错乱；如果在性格上有所缺失，就会出现对社会生活的极度不适应，这是痛苦的根源，有时也是犯罪的契机。一旦消除这些影响生存严肃性的自卑感（它们通常会在所谓的生存斗争中自行消除），人就可以生活，并与他人共同生活。

但社会的要求更高：活着还不够，要好好地活着。当前社会所担忧的是，我们每个人都仅满足于关注生活，而对其他方面却屈从于后天养成的积习。更令社会担忧的是，社会成员并非以日益微妙、日渐融合的意志平衡为目标，而是仅限于尊重这种平衡的基本条件：人与人之间的既定协议是不够的，社会要求人作出持续的努力来相互适应。因此，任何性格、精神乃至身体上的僵化都会受到社会的质疑，因其被视为昏昏欲睡、与世隔绝的征兆，旨在偏离社会的共同中心，故而具有离心性。然而，社会无法通过物质进行干预，因其没有受到物质方面的影响。社会面临着某种仅作为表征的不安之物——几乎算不上威胁，顶多只是种姿态。社会选择以简单的姿态来回应它。笑就是这样一种社会姿态。笑通过它所激发的恐惧来制止离心行为，使某些本可能昏昏欲睡、与世隔绝的次要活动时刻保持警醒与联系，从而使停留在社会主体表面的机械性僵化变得柔和。因此，笑并不独属于美学范畴，全因其无意识地（甚至在许多特定情况下是不道德地）追求总体改善的功利目的。诚然，笑也具有美学意义，因为滑稽正是诞生于社会和个人摆脱自我保护的困扰，开始将自身视为艺术品之时。简言之，假如我们在有损于个人或社会生活并以其自然后果作为惩罚的行为和性格周围画一个圈，那么在这个情感和斗争的领域之外，在暴露自我的中立地带，仍然存在着某种身体、精神和性格上的僵化，而社会希望摆脱这种僵化，以便从其成员身上获得最大程度的弹性和社会性。这种僵化就是滑稽，而笑就是对它的惩罚。

不过，我们不能要求这一简单的公式即刻解释所有的滑稽效果。它无疑适用于基本、理论和完美的情况，在这些情况下，滑稽不沾染任何杂质。但我们却要将它视为贯穿所有解释的主旨。必须经常思考它，而非过分关注它——就像娴熟的击剑手应当牢记练习时的不连续动作，而身体则专注于攻击的连续性。现在，我们要尝试重建滑稽形式的连续性，沿着从小丑怪相到高级喜剧效果的那条无法预料的曲线前进，偶尔停下来环视四周，若有可能，最终追溯到这条曲线的中断之处，从那里我们或许会发现艺术与生活的一般关系，因为滑稽始终在生活和艺术之间摇摆不定。

三

　　让我们从最简单的开始。何为滑稽的相貌？滑稽的面部表情从何而来？滑稽与丑陋有何区别？除了斩钉截铁地回答这个问题之外，几乎别无他法。尽管这个问题看似简单，但却过于微妙，以至于无法正面回答。我们必须先给丑陋下定义，然后再探讨滑稽对丑陋的补充：但丑陋并不比美丽更容易分析。不妨尝试惯用技巧：把问题放大，也就是把效果放大，以使原因显现出来。因此，我们且将丑陋强化到畸形的地步，以研究从畸形到滑稽的转变。

毫无疑问，在某些情况下，某些畸形比其他畸形更能引发笑声。在此无需谈论细节，只需请读者回顾各种畸形，然后将它们分成两类：一类是自然的畸形，另一类是完全偏离自然的畸形。我们相信读者会得出以下规律：任何常人能够模仿的畸形，都是可能变得滑稽的畸形。

如此一来，驼背是否暗示着仪表不端呢？毕竟，他的后背蜷缩成丑陋的褶皱。由于身体的固执和僵化，驼背的习惯积重难返。尝试只用眼睛看，不要思考，更不要推理；摒弃成见，寻求朴实、直接和原始的印象，你将重新捕捉到这样的景象：在你面前的是一个试图保持某种僵硬的姿态——若可如此形容——用自己的身体做鬼脸之人。

现在回到我们想要澄清的问题。通过削弱可爱的畸形，我们将得到滑稽的丑陋。因此，滑稽的面部表情会使我们联想到某种僵硬、凝固、可以说是惯常性的面部表情。我们将看到某种持续的抽搐或固定的鬼脸。有人或许会反对说，任何惯常性的面部表情，无论何等优美动人，都会留给我们这种刻板印象。在此，我们必须做出重要区分。当我们谈论表情的美丑时，当我们说面部有表情时，我们指的可能是稳定的表情，但我们猜测它是可变的。表情在固定状态下保持着某种不确定性，从中依稀勾勒出它所表达的心理状态的所有细微差别，如同从薄雾溟蒙的春晨升起的明媚阳光。但滑稽的面部表情不会带给我们任何承诺。它是一种独特而明确的鬼脸，甚至可以说是一个人全部精神生活的结晶。

正因如此，面部表情愈滑稽，愈能让我们联想到某种吸纳个性的简单机械动作。有些面孔似乎总是在哭泣，有些面孔在大笑或吹口哨，还有些面孔永远在吹想象中的号角，这些都是最滑稽的面部表情。

此处再次体现出规律：对原因的解释愈自然，效果就愈滑稽。机械性、僵化、已经形成并保持的习惯，显然是面孔引人发笑的原因。但是，如果我们能够将这些特征与某种深层次的原因，即某种根本性的心不在焉相联系，就好像灵魂被某个简单动作的物质性所吸引和催眠，那么这种效果就会变得愈发强烈。

如此便能理解漫画的喜剧性了。无论相貌如何堂堂，线条如何和谐，动作如何柔美，都永远无法取得完美的平衡。我们总能发现走样的苗头，鬼脸的轮廓，总之是自然似乎特别偏爱的畸形。漫画家的艺术就在于捕捉这种有时难以察觉的动作，并将其放大，让所有人都能看到。他让笔下的人物用尽浑身解数来扮鬼脸。在表面和谐的形式之下，他窥见的是物质深刻的反叛性。他意识到自然界中必定存在着潜在的比例失调与变形，因受到更强大的力量的压制而未能成形。漫画家的艺术带有邪恶的色彩，它复活了被天使打倒的恶魔。漫画无疑是一门夸张的艺术，但如果仅以夸张为目标，该定义还远不够完整，因为有些漫画比肖像画更逼真，其夸张程度几乎可以忽略不计；反之，过分夸张也未必能产生真正的漫画效果。要使夸张具有喜剧性，就不应将其视为目的，而视为漫画家用来向我们展示他所看到的自然界中的扭曲的手段。扭曲才是最重要和最有趣的。正因如此，我们才会在无法移动的五官，譬如鼻子的弧度或耳朵的形状中寻找它。对我们来说，形式就是动作的轮廓。漫画家改变了鼻子的大小，但却遵照了鼻子的格局，例如，沿着鼻子自然生长的方向将它拉长，实则是让鼻子做鬼脸：从现在起，原来的鼻子在我们看来也想伸长扮鬼脸了。从这个意义上说，自然本身就是成功的漫画家。自然在咧开嘴巴、收窄下巴、鼓起腮帮的动作中，似乎战胜了更合理的力量的约束，将鬼脸展现得淋漓尽致。于是，我们嘲笑的那张面孔可以说是面孔自身的漫画。

总之，无论我们的理性赞同何种学说，我们的想象力都有其明确的哲学：它能在所有的人类形体中看到塑造物质的灵魂所做出的努力，这个无限柔软、永恒运动的灵魂不受地心引力的约束，因为吸引它的并非地球。这个灵魂将其羽翼般的轻盈赋予它所塑造的身体：这种非物质性由此进入物质，亦即所谓的优雅。然而，物质顽固不化。它将时刻活跃的更高原则拉将过来，试图将其转化为自身的惰性，并使其退化为纯粹的机械性。它试图将充满智慧的各种身体动作固定在愚蠢的习惯中，将稍纵即逝的面部表情凝结成恒久的鬼脸，总之，它在整个人身上打上这样一种烙印，使其仿佛沉浸于某种机械职业的物质性之中，而不是通过与生动的理想保持联系来不断更新自我。当物质成功地使灵魂的外在生命变得迟钝，使灵魂的动作变得僵硬，使灵魂的优雅变得乏味时，它便以牺牲肉体为代价，获得某种滑稽效果。因此，如果我们想通过将滑稽与其对立面进行比较来定义滑稽，那么我们应该将其与优雅而不是与美丽进行对比。滑稽与其说是丑陋的，毋宁说是僵化的。

四

现在，我们将从形式滑稽转向姿态和动作滑稽。我们将首先阐明支配此类事实的规律，该规律极易从上述内容中推导出来。

人体的姿态、手势和动作之所以可笑，全因人体让我们联想到一台简单的机械装置。

我们不必详述该规律的直接应用，因其例证不胜枚举。若要直接验证它，只需仔细研究漫画家的作品，完全剔除漫画元素（前文已对此做出专门解释），忽略漫画本身所不具备的喜剧元素。显然，漫画中的喜剧元素往往是假借而来的，文学为其提供主要素材。换言之，漫画家既可能是讽刺作家，也可能是滑稽剧作家，如此一来，我们与其说是在笑漫画本身，毋宁说是在笑漫画所描绘的讽刺或喜剧场景。不过，倘若我们全神贯注于漫画本身，我们可能会发现，漫画的喜剧性通常与它的明晰感与精妙感成正比，它让我们将人看成是提线木偶。这种暗示必须清晰可见，因为我们必须像透过玻璃一样，清楚地看到人体内部有一台可拆卸的机械装置；这种暗示也必须精妙绝伦，因为人的四肢虽已僵化为机械部件，但他的整体外观仍能给我们留下一种活着的印象。人与机械装置这两个形象愈吻合，滑稽效果就愈鲜明，漫画家的艺术就愈精湛。因此，漫画家的独创性就体现在他赋予简单的木偶以独特的生命力之中。

不过，我们暂且不谈这一原则的直接应用，只谈其更深远的影响。机械装置在人体内部运作的幻象会出现在众多逗趣效果之中；但在大多数情况下，这种昙花一现的幻象很快就会消失在它所激起的笑声之中。要使其固定下来，就必须进行分析和思考。

例如，手势与言语在演说家身上并行不悖。手势嫉妒言语，它紧跟思想之后，要求充当翻译。如此一来，手势必须跟随思想发展的所有阶段。思想从演讲开始到结束都在成长、萌芽、绽放和成熟。它从不停止，亦从不重复。它必须每时每刻都在变化，因为停止变化就等于停止生命。所以，让手势动起来吧！让它接受生命的基本规律，那就是永不重复！但我发现，手臂或头部的某个特定动作总是会定期出现。倘若我注意到这个动作，倘若它足以让我分心，倘若它在我期待的时候出现，那么我就会不由自主地发笑。为什么呢？因为站在我面前的是一台自动运行的机械装置。它不再是生命，而是安装在生命中并模仿生命的机械装置。这就是滑稽。

原本并不可笑的姿势，一经他人模仿就会变得可笑，正是出于这一原因。对于这一简单的事实，人们已经给出了最详尽的解释。然而，稍加思考就会发现，我们的精神状态无时无刻不在变化，如果我们的姿势忠实地跟随我们的内心活动，如果它们和我们一样充满活力，它们就不会自我重复，因而也不会被模仿。只有当我们不再是我们自己时，他人才会模仿我们。换言之，他人只能模仿那些千篇一律的、因而也是与我们鲜活的个性格格不入的机械性姿势。模仿一个人，就是抽离他身上潜藏的机械性元素。顾名思义，就是让他变得滑稽。因此，模仿引人发笑也就不足为奇了。

　　不过，如果模仿姿势本身就已足够可笑，那么当它原封不动地转向某种机械性操作，例如锯木头、敲铁砧或不知疲倦地拉扯想象中的铃绳时，就会变得更加可笑。这并不是说粗俗是滑稽的精髓（尽管它确实是滑稽的组成部分），而是当我们将姿势与简单的操作联系起来时，姿势就具有更加直观的机械性，仿佛它故意如此。提出这种机械性解释应该是滑稽模仿作品最青睐的手法之一。我们通过推理得出这一结论，但小丑们早已凭直觉意识到这一点。

这就是帕斯卡在《思想录》中提出的小谜语的答案："两张相似的脸，分开来看都不可笑，但放在一起时，却因其相似而引人发笑。"换言之："演说家的手势，分开来看都不可笑，但却因其重复而引人发笑。"真正充满活力的生命不应重复。只要存在重复或完全相似之处，我们就会怀疑生命背后有某种机械装置在运作。只需分析两张过于相似的面孔留给你的印象，你就会发现，你想到的是同一个模具铸出来的两件样品，或是同一枚印章盖出来的两个印模，或是同一张底片洗出来的两张相片，总之是某种人为的制造工艺。这种生命向机械性的偏转才是笑的真正原因。

如果舞台上不再只有帕斯卡谜语中的两个人物，而是几个，甚至尽可能多的人物，他们彼此相似，来来往往，共同起舞，摆出同样的姿势，做出同样的手势，那么笑声就会愈发强烈。此时，我们自然会想到提线木偶。无形的线似乎将这条胳膊与那条胳膊、这条腿与那条腿、这张脸上的每块肌肉与那张脸上的每块肌肉连在一起，绝对的一致性使身体的灵活性在我们眼前凝固，人物都僵化为机械装置。这就是此类略显粗俗的娱乐形式背后的技巧。演员们或许从未读过帕斯卡的著作，但他们肯定是在践行帕斯卡提出的观点。如果在第二种情况下，笑的起因是机械效果的幻象，那么在第一种情况下，笑更是如此，只不过更为隐晦罢了。

如果我们继续沿着这条路走下去，就会隐约意识到方才所提的规律会产生日益深远、愈发重要的影响。我们会感受到由人的复杂行为而非仅由人的姿态所暗示的机械效果的诸多蛛丝马迹。我们会猜测，喜剧的惯用手法、词语或场景的定期重复、角色的对称互换、误会的递进发展以及许多其他舞台技巧，其滑稽效果都可能同根同源。滑稽剧作家的艺术或许就是在保持外表的真实性，亦即生命表面的灵活性的同时，向我们展示人类事件的明显机械性。不过，我们还是暂且不要过早地预测分析的结果。

五

在继续讨论之前，让我们稍停片刻，环顾四周。正如本文开头所述，试图从一个简单公式推导出所有滑稽效果无异于痴人说梦。从某种意义上讲，这个公式必然存在，但其推导过程却无规律可循。换言之，推导过程应不时停留在主要滑稽效果上，它们各自作为范式出现，与之相似的新效果则环绕在其周围。新效果无法从公式推导而来，但却因其与从公式推导出来的效果相似而显得滑稽。再次引用帕斯卡的观点，我们可以用这位几何学家以轮盘为名研究的曲线来定义精神的行进，即当马车直线前进时，由轮周上的一个点所描绘的曲线：这个点转随车轮、行随马车。或者，我们也可以想象一条林荫大道，每隔一段距离就会出现交叉路口：每到一个交叉口，我们都要绕行一周，探索分岔的小径，再回到原来的方向。我们现在就处于这样一个交叉口。镶嵌在生命体上的机械装置，正是需要驻足的十字路口，亦是想象力向不同方向延伸的中心形象。有哪些方向呢？主要有三个。我们将逐次探寻这些方向，然后回到大道，继续前行。

一、首先，机械装置与生命体相互交融的观点使我们产生更模糊的形象，即某种僵化之物作用于生命的灵活性，笨拙地试图追随其线条并模仿其灵活性。可以想见，一件衣服变得可笑是何等容易。甚至可以说，任何服装式样都有其可笑的一面。只不过如果是当前流行的式样，我们则会对此习以为常，以至于衣服似乎与穿衣服的人融为一体。我们无法想象将二者分离。我们不再想到将遮盖物的僵化死板与被遮盖物的生动柔软进行对比，此时，滑稽仍隐而未发。当遮盖物与被遮盖物之间的天然不相容性是如此根深蒂固，以至于连长期的接触都无法巩固这种结合时，滑稽就会横空出世，高礼帽就是例证。然而，假设今天某个怪人按照从前的式样打扮自己，我们的注意力就会被服装所吸引，我们会把服装与人完全分开，我们会说这个人在化装（好似每件衣服都不是化装那般），式样的可笑之处便从幕后走到台前。

在此，我们开始窥见滑稽问题所引发的细节难题。许多笑的理论或错误百出或差强人意，其原因之一是，许多事物在理论上具有滑稽性，但由于习惯的连续性削弱了其滑稽特质，所以在事实上则不然。只有突然打破连续性，与式样决裂，才能唤醒滑稽特质。如此一来，人们或许认为，这种连续性的中断是滑稽的根源，但它只是让我们注意到滑稽。还有人用惊讶、对比等来解释笑，这些定义同样适用于我们根本不想笑的许多情况。事实远非如此简单。

回到我们刚才所提的"化装"概念，它肩负着引人发笑的特殊使命。我们不妨来探究它是如何完成这一使命的。

从棕色变成金色的头发为何可笑？红鼻子为何滑稽？黑人为何荒诞？上述问题极为棘手，因为赫克、克雷佩林和利普斯等心理学家都曾先后提出这些问题，并给出不同的答案。一天，我在街上遇到一名普通的马车夫，他称坐在马车里的黑人乘客"没洗干净"，我不知他的回答是否妥帖——没洗干净！在我们的想象中，黑脸就是沾满墨水或煤灰的脸。同理，红鼻子只能是涂了一层朱砂的鼻子。由此可见，化装已将其滑稽特质传递到实际并不存在（但可能存在）化装的情况中。之前，虽然衣服与穿衣服的人泾渭分明，但因为我们早已习以为常，所以在我们看来二者融为一体。现在，虽然黑色或红色是固有的肤色，但因为它让我们感到惊讶，所以我们认为它是人为涂抹上去的。

不过，滑稽理论又遇到了新的难题。像"我平时的穿着是我身体的一部分"这样的命题，在理性看来属实荒谬，但对想象力来说却真实无疑。"红鼻子是画上去的鼻子""黑人是乔装打扮的白人"，这些在理性看来亦是荒谬之语，但对纯粹的想象力来说却是福音般的真理。因此，想象逻辑并非理性逻辑，有时甚至与之相悖。哲学在研究滑稽或进行其他同类研究时，都必须考虑到这一点。想象逻辑类似于梦的逻辑，但这种梦不是个人幻想之梦，而是整个社会之梦。要重建想象逻辑，就必须付出极为特殊的努力，揭开严密判断与固有观念的外壳，观察我们内心深处仿佛地下水般逐级流淌、长流不息的形象。形象之间的相互渗透并非偶然，而是遵循规律，或者说是想象力的习惯，如同逻辑遵循思维的习惯。

让我们在当前的特例中遵循想象逻辑。一个乔装打扮者是滑稽之人。一个被认为是乔装打扮者亦是滑稽之人。以此类推，任何化装都会变得滑稽，不论是人的化装、社会的化装，还是自然的化装。

先谈自然的化装。被剪了一半毛的狗、插满假花的花坛、贴满竞选海报的树林等都会引人发笑。究其根源，它们使人想到化装舞会。不过，此处的滑稽远离源头，因而并不明显。若想加强滑稽，就必须回到源头本身，将衍生形象（化装舞会的形象）与初始形象进行对比，要知道，初始形象是被机械操纵的生命。被机械操纵的自然，显然是滑稽主题，想象力可以据此变换花样，定能引起哄堂大笑。我们不禁想起《阿尔卑斯山上的达达兰》中的有趣段落，邦帕尔让达达兰（在某种程度上也是让读者）接受这一想法：被机械操纵的瑞士如同歌剧院地下室，由一家维护瀑布、冰川和人工沟壑的公司所经营。英国幽默作家杰罗姆·K. 杰罗姆的《小说笔记》中也有同样的主题，不过基调完全不同。一位年迈的别墅女主人不愿她的善举带来诸多麻烦，于是在自家宅邸附近安置专门为她培养的无神论者，以及强行变成酒鬼的老实人等，以便纠正他们的恶习。这一主题伴随着滑稽的语句，混杂着或真诚或虚假的天真，产生遥相呼应的共鸣。例如，天文学家卡西尼邀请一位女士观看月食，但她姗姗来迟，说道："卡西尼先生，想必您会为我重新开始。"再如贡迪内笔下的人物，当他抵达一座小镇并得知附近有一座死火山时，不禁感叹道："他们曾经拥有一座火山，如今却让它熄灭了！"

　　再来谈谈社会的化装。生于社会，长于社会，我们不得不将其视为有生命的存在。因此，任何让我们联想到社会乔装打扮或社会化装舞会的形象都会变得滑稽。当我们在有生命的社会表面看到任何惰性、刻板或现成之物时，这种想法便会形成。这种僵化与生命内在的灵活性格格不入。因此，社会生活的仪式性必然包含潜在的滑稽元素，只待时机成熟，便外化于形。可以说，仪式之于社会身体，如同衣服之于个人身体：仪式之所以严肃，是因为它们与习俗所关联的严肃对象相一致；一旦想象力将它们从习俗中分离出去，仪式就立刻失去严肃。要使仪式变得滑稽可笑，只消将注意力集中在仪式元素上，正如哲学家所说，忽略其质料，只考虑其形式。众人皆知，从普通的颁奖典礼到庄严的开庭审判，滑稽精神是如何轻而易举地在千篇一律的社会行为中大显身手。任何形式或公式都是现成框架，足以将滑稽元素纳入其中。

在此，滑稽愈接近其源头，喜剧性就愈强。从化装这一衍生概念出发，我们必须回到初始概念，即叠加于生命之上的机械装置。任何仪式的僵化都会给我们留下这样的印象。一旦我们忘记了典礼或仪式的严肃目的，参与者在我们眼中就像移动的提线木偶。他们的动作建立在不变的公式之上。这就是机械性。不过，真正的机械性只有在官员身上才会出现，比如像机器一样履行职责，或是在无意识的情况下，无可救药地把行政法规当作自然法则来执行。多年以前，一艘邮轮在迪耶普海岸附近失事。几名乘客奋力乘救生艇逃生。几位海关官员也勇敢地前来营救，一开口竟问他们"是否有物品需要申报"。当然还有类似的情况，尽管想法更加微妙。在火车上发生凶杀案的第二天，一位议员对内政部长提出质询："凶手在杀人之后，一定是从另一侧车门下车，此举违反铁路管理条例。"

嵌入自然的机械装置和社会的刻板法规，这就是我们得到的两类滑稽效果。最后，我们需要将二者结合起来，看看会产生怎样的结果。

结果显然是人为法规取代了自然法则。当热洪特指出心脏在左而肝脏在右时，斯加纳雷尔回答道："可不，从前是那样，但全让我们改过来了；现在，我们用的是新方法行医。"当德·浦尔叟雅克先生的两位医生会诊时说道："您的推理是如此博学而优雅，病人不可能不是疑病性忧郁症；倘若他不是，因为您的优雅话语和准确推理，他也必须是疑病性忧郁症。"此类例证不胜枚举，只消将莫里哀笔下的医生尽数找出。无论滑稽幻想走得多远，现实有时还是会超越它。有人向一位极为好辩的当代哲学家指出，他的论证虽在推理上无懈可击，但却被经验驳倒时，他只说了一句"经验错了"，就结束了讨论。事实上，将生活行政化的想法比我们想象的更为普遍；尽管我们是通过重组的方式获得它，但它却自然而然地存在着。可以说，这种想法为我们指出学究气的精髓，其本质不过是自以为超越自然的技艺。

总之，从人体的人为机械化（若可如此表述）概念到人为替代自然的概念，相同的效果变得愈加微妙。一种愈加不严谨、愈加像梦的逻辑，将同样的关系转移到愈来愈高的领域、愈来愈多的非物质术语之间，行政法规最终成为自然或道德法则，就像衣服之于生命体那般。在我们要探索的三个方向中，第一个方向已经走到尽头。让我们转向第二个方向，看看它会把我们引向何方。

二、我们的出发点仍是"镶嵌在生命体上的机械装置"。滑稽从何而来？答案是生命体僵化成机器的事实。因此，在我们看来，生命体应具有完美的灵活性，应是始终运作、时刻警醒的活动。但这种活动实则属于灵魂而非身体。它是由更高原则在我们体内点燃的、经由透明的身体而被感知的生命之火焰。当我们只看到生命体的优雅与灵活时，那是因为我们忽略了其重量与阻力，即其物质性；我们忘记了它的物质性，只想到它的生命力，而想象将之归因于智识和精神生活的原则。然而，假设我们的注意力被身体的物质性所吸引，假设身体远没有生命体应有的轻盈，反而是一件沉重而累赘的外衣，一种把渴望升入高空的灵魂压在地上的压舱物，如此一来，身体之于灵魂，如同衣服之于身体，都是压在生命能量之上的惰性物质。只要我们清楚地认识到这一点，就会产生滑稽感。尤其是当我们看到灵魂被身体的需求戏弄时，就会产生这种感觉：一方面是具有多种智识能量的精神人格，另一方面是如机械般固执地干预并阻碍一切的愚蠢单调的身体。身体的需求愈琐碎，愈千篇一律地重复，滑稽效果就愈显著。但这只是程度问题，这些现象的一般规律可表述如下：任何与人的精神有关但唤起我们对其身体关注的事件都是滑稽。

一位讲到最动情处打喷嚏的演讲者，为何引人发笑？一位德国哲学家引用悼词中的语句："他品德高尚，体态圆润"，又滑稽在何处？原因就在于我们的注意力突然从灵魂转移到了身体。类似的例证在日常生活中俯拾皆是。倘若不愿费心去寻找，只消随意翻开拉比什的作品，就会经常发现这种效果。一位演讲者在高谈阔论之时却因牙痛发作而中断；一个人物总是话说到一半就停下来抱怨自己的鞋子太小或腰带太紧；等等。这些例证都向我们展示了一个被身体所困扰的形象。过度肥胖之所以可笑，是因为它唤起了上述形象。有时腼腆显得可笑，也是出于这一原因。腼腆之人会给人留下被身体所困扰、正在四处寻找地方来存放身体的印象。

正因如此，悲剧诗人总是小心翼翼地避免任何可能引起我们注意悲剧主人公物质性之物。一旦开始关注身体，就要担心滑稽的侵入。于是，悲剧主人公不吃不喝，也不取暖。他甚至连坐都不坐。在念台词时坐下来，就意味着提醒观众，主人公还有身体。拿破仑是位业余心理学家，他曾注意到，只要坐下来，悲剧就能变成喜剧。据古尔戈男爵的《未发表的日记》记载，拿破仑在谈到耶拿战役后与普鲁士王后的会面时说道："她像施梅娜那样，用悲剧性的口吻乞求我：'正义，陛下！正义！马格德堡！'她继续使用这种口吻，这让我十分难堪。最后，为了让她改换语气，我请她坐下。这是结束悲剧场景的最佳方法，因为一旦坐下，悲剧就变成了喜剧。"

现在，让我们扩大"身体压倒灵魂"这一形象范围。我们将得到更为普遍之物：形式意欲超越内容，文字旨在驱逐精神。这不正是喜剧在嘲笑某种职业时向我们暗示的思想吗？喜剧让律师、法官和医生侃侃而谈，仿佛健康和正义都无关紧要，重要的是要有律师、法官和医生，并且要严格遵守职业的外在形式。于是，手段取代了目的，形式取代了内容；不再是职业为公众服务，而是公众为职业服务。对形式的持续关注和对规则的机械应用带来一种职业机械性，如同身体习惯强加于灵魂的机械性那般可笑。此类例证在戏剧中不胜枚举。我们暂不详述这一主题的变奏，仅列举两三个段落，借此简明扼要地阐述主题本身。迪亚弗鲁斯医生在《无病呻吟》中说："我们只能按照形式来料理病人。"巴伊斯医生在《爱情是医生》中也说："照规矩死，总比不照规矩活要好。"同样是在这部喜剧中，代·佛南德莱斯医生说："无论发生什么事，都必须遵守程序。"他的同事陶麦斯医生则给出理由："人死就死了，但不遵守程序，对整个医疗界来说是大忌。"比里杜瓦松的说法虽略有不同，但同样意味深长："形——形式，您明白吗，形——形式。有人会笑穿常服的法官，但他只要看到穿长袍的律师，就会胆战心惊。形——形式，一切都是形——形式。"

随着研究的深入，这条规律变得愈发清晰，此处便是该规律的首次应用。当音乐家在乐器上弹奏一个音符时，其他音符也会自动响起，其音色虽不如第一个音符那般响亮，但却与它存在着某些确定关系，它们通过增加它的音色来决定它的音色：这就是物理学上所说的基音与泛音。即使是其最牵强附会的滑稽幻想，也遵循类似的规律。例如，请看"形式意欲超越内容"这一滑稽音符。倘若我们的分析无误，它的泛音应该是：身体戏弄灵魂，身体压倒灵魂。因此，一旦喜剧诗人奏响第一个音符，他就会不由自主地、本能地添加第二个音符。换言之，他会在职业滑稽之上叠加身体滑稽。

当比里杜瓦松法官结结巴巴地走上舞台时，他的结巴不正是在为我们理解他即将展示的智识僵化做准备吗？身体缺陷与精神缺陷之间究竟有何秘密联系？或许这台审判机器理应同时作为说话机器而出现。无论如何，没有其他泛音能够更好地补充这一基音。

当莫里哀刻画《爱情是医生》中两位可笑的医生

巴伊斯和马克洛东时，他让前者口齿不清地说话，而让后者抑扬顿挫、慢条斯理地说话。《德·浦尔叟雅克先生》中的两位律师亦是如此。我们通常会在话语节奏中发现旨在补充职业滑稽的身体特征。倘若作者未能指出此类缺陷，演员想必也会本能地去创造它。

因此，我们在相互比较的两个形象之间自然而然地认出一种亲缘关系——精神困囿于某些形式，身体因某些缺陷而僵化。无论我们的注意力是从内容转移到形式，还是从精神转移到身体，在这两种情况下，我们的想象力都会得到同样的印象，因而滑稽类型也是相同的。在此，我们再次忠实地遵循了想象力运动的自然方向。诸位应该记得，这一方向是我们从中心形象出发的第二个方向。第三个，也是最后一个方向尚未探索，我们现在将沿着这个方向前进。

三、接下来，让我们最后一次回到中心形象：镶嵌在生命体上的机械装置。此处所谈论的生命体是人，而机械装置则是物体。如果从这一角度来看待中心形象，那么引人发笑的便是人瞬间变成了物体。让我们从"机械装置"这一确切概念转向"一般事物"这一更为模糊的概念。我们将看到一系列新的令人发笑的形象，这些形象通过模糊先前形象的轮廓而获得，并带来新规律：每当人给我们留下物体的印象时，我们就会发笑。

我们看到桑丘·潘萨被扔在毯子里，像气球一样被抛向空中，就会发笑；我们看到闵希豪森男爵骑着炮弹在空中飞行，也会发笑；不过，或许马戏团小丑的某些表演可以更准确地体现这一规律。诚然，我们必须撇开小丑围绕主题的插科打诨，而只保留主题本身，即小丑艺术中真正具有"小丑元素"的姿态和滑稽动作。我只看过两次这种纯粹的滑稽，两次都给我留下了相同的印象。第一次，小丑们同步加快节奏，你来我往、你推我搡、摔倒在地、弹跳而起，显然是想将气氛推向高潮。观众的注意力更多地被弹跳所吸引。渐渐地，他们忘记了眼前亦是有血有肉之人，他们想到的是一堆相继掉落并相互碰撞的包裹。接着，幻象变得清晰。小丑们的轮廓变得圆润，身体似乎滚动成球。最后，整个场景无声无息地演变成这样一副画面：橡胶球从四面八方互相投掷。第二个场景虽更为粗糙，但同样具有启发性。舞台上出现两个脑袋巨大、头顶光秃之人，他们手持长棍，轮流敲向对方的头。此处亦可观察到某种递进。每敲一次，双方的身体似乎都变得愈加沉重、僵硬。回敲变得愈加迟钝，但却愈加沉重、响亮。脑袋在寂静的剧场里发出可怕的回响。最后，两具僵直如箭的身体缓慢地向对方靠拢，木棍最后一次落在两人头上，就像巨大的榔头砸在橡木横梁上，两人连人带棒倒在地上。此时，两位艺术家在观众的想象中逐渐形成的暗示跃然纸上：

"我们即将变成……我们已经变成木头人。"

模糊的本能可使未开化的头脑领略到心理科学的

微妙结果。我们知道，通过简单的暗示就可唤起被催眠者的幻觉。只要告诉他有只鸟栖息在他手上，他就会看到那只鸟，并看着它飞走。然而，暗示并不总能被顺从地接受。通常情况下，催眠者只能通过循序渐进的暗示，慢慢地将某种想法灌输到被催眠者的头脑中。前者会从后者真正感知到的物体入手，试图使后者对这些物体的感知愈加混乱；然后，前者会从这种混乱状态中逐步引出他希望制造幻觉的物体的精确形态。许多人在即将入睡时都会出现类似的情况，他们会看到视野中彩色、流动和无形的物体逐渐凝固成清晰的物体。因此，从模糊到清晰的过渡，正是最佳的暗示手法。这可能是许多滑稽暗示的根源，尤其是在粗俗滑稽中，人变成物体的过程似乎就发生在眼前。当然还有其他更微妙的手法，譬如诗人或许能神不知鬼不觉地达到同样的目的。通过使用某些节奏、韵律和谐音，诗人可以平息想象力，让它有规律地摇来摇去，从而温顺地接受所暗示的幻象。听一听勒尼亚尔的这几行诗，看看你的想象中是否会浮现出转瞬即逝的玩偶形象：

……此外，他还欠许多人
一万零一里弗尔半个第纳尔，
因为他们一整年都信守诺言
为他穿衣、驾车、取暖、穿鞋、戴手套、
喂饭、刮脸、解渴、搀扶。

费加罗同样吟唱过类似的诗句（尽管此处或许是在暗示动物而非物体的形象）："他是怎样一个人？——一个英俊的矮胖子，年轻的老绅士，头发灰白，诡计多端，胡须干净，精神萎靡，这里闻闻那里嗅嗅，时而咆哮时而抱怨。"

在这些粗俗场景与微妙暗示之间，可以产生无数有趣的效果——所有这些效果都是通过将人描述成简单的物体而获得。此类例证在拉比什的戏剧中比比皆是，只消从中撷取一二。当佩里雄先生要上马车时，他确保没有遗漏任何行李："四、五、六，我妻子七，我女儿八，我自己九。"在另一部戏剧中，一位父亲夸耀女儿的博学多才："她会不假思索地告诉你所有发生过的法国国王。""发生过的"这一措辞，虽没有把国王变成简单的物体，但却把他们同化为非人事件。

请注意最后这一例证：要想产生滑稽效果，无需将人完全等同于物体。譬如，只要从假装混淆人与其担任的职务这一方向入手，就足以产生滑稽效果。我仅引用阿博小说中一位村长的话："虽然自 1847 年以来已经换了好几任省长，但省长对我们始终关怀备至……"

所有这些笑话都基于同一范式。只要掌握公式，就可编出无数笑话。不过，说书人或滑稽剧作家的艺术并不仅限于编造笑话。难点在于如何赋予笑话以暗示的力量，亦即如何让人接受它。我们之所以接受它，要么是因为它是某种心理状态的产物，要么是因为它符合当时的情况。例如，佩里雄先生第一次旅行时兴奋不已。"发生"一词显然多次出现于女儿在父亲面前背诵的功课中，它让我们联想到诵读。最后，对行政机器的钦佩可能会让我们误以为，省长改名换姓后无甚变化，省长的职能与省长是谁并无关联。

以上与笑的源头相去甚远。一种本身无法解释的滑稽形式只能通过与另一种滑稽形式相似来理解，而另一种滑稽形式只是由于与第三种滑稽形式相似才引人发笑，如此循环往复，无穷无尽：因此，除非心理分析能够抓住滑稽印象从一端延伸到另一端的线索，否则，无论它如何鞭辟入里、洞若观火，都会误入歧途。这种连续性从何而来？究竟是何种压力，何种奇怪的冲动，使滑稽从一个形象滑向另一个形象，离起点愈来愈远，直至支离破碎，迷失在无限遥远的类比中？又是何种力量将树枝分割成枝丫，将树根分割成侧根呢？一条不可抗拒的规律统御着所有生命能量，使之在有限的时间内，尽可能地覆盖更多的空间。滑稽幻想确是一种生命能量，它是在硗薄的社会土壤中茁壮成长的奇异植物，等待着后人的栽培，以期与最精致的艺术品相媲美。诚然，我们刚刚回顾的滑稽例证离伟大的艺术还很遥远。但在下一章中，尽管无法达至伟大的艺术之境，我们却能更为接近它。在艺术之下，还有技巧。我们现在要进入的，正是介于自然与艺术之间的技巧领域——滑稽剧作家和诙谐人物。

第二章

情境滑稽与言语滑稽

一

　　我们已经研究过形式、姿态与动作滑稽，现在必
须探索行动与情境滑稽。诚然，此类滑稽在日常生活
中举目皆是，但或许并不最适合拿来分析。倘若戏剧
是对生活的放大与简化，那么喜剧就能为我们提供比
现实生活更多的关于此类滑稽的指导。或许我们甚至
应该进一步简化，追溯到最初的记忆，从逗孩童开心
的游戏中，寻找令成年人发笑的最初构想。我们经常
把快乐和痛苦视为与生俱来的情感，仿佛它们都没有
自己的历史。我们还经常忽视潜藏在大多数快乐情绪

中的童真。然而，倘若我们仔细审视，许多当下的快乐不过是对过去快乐的回忆！倘若我们将许多情绪简化为纯粹的感受，剔除所有单纯的回忆，那还能剩下多少情绪呢？有谁知道，人到了某个年纪，是否就会对新鲜或新奇的快乐无动于衷？又有谁知道，成年人最甜蜜的满足，是否只是童年情感的复苏，是否只是被渐行渐远的往事吹拂得日渐微弱的和煦微风？无论我们如何回答这一宽泛的问题，有一点毋庸置疑：孩童的游戏乐趣与成年人的消遣娱乐之间无从中断。喜剧是一种游戏，一种模仿生活的游戏。既然孩童在游戏中用绳线来操纵玩偶和木偶，我们不也能找出串联喜剧情境的线索吗？因此，让我们从孩童游戏开始，追踪孩童如何使木偶成长，赋予其生命，最终使其处于模棱两可的状态——木偶虽然还是木偶，但却变成了人。通过这一潜移默化的过程，我们就获得了喜剧人物。我们能够在他们身上验证前文分析所得的规律，并根据该规律来定义一般性的滑稽剧情境：任何行为和事件的安排，只要给我们带来生命的幻觉和机械安排的清晰感，就是滑稽。

一、吓人箱。我们都曾玩过从盒子里蹦出来的小人——把他压下去，他又跳起来；把他压得愈低，他就跳得愈高。把他压在箱盖下面，他时常连人带盖跳将出来。我不知道这个玩具本身有多古老，但它所蕴含的乐趣却古已有之。这是两股顽固势力之间的斗争，其中一股是纯粹的机械性，另一股则将其视为玩物，前者通常屈服于后者。玩弄老鼠的猫也沉迷于同样的乐趣，它不时把老鼠松开，看着老鼠像弹簧似的溜走，然后又一爪子把它抓住。

现在来谈谈戏剧，首先是木偶戏。警察刚一登场，就理所当然地挨了一记闷棍，昏倒在地；他刚站起来，结果又被打昏在地；再站起来，再被打昏。警察像一张一弛的弹簧般倒下去又站起来，观众也笑得愈发厉害。

现在不妨想象一根精神的弹簧，想象一种刚表达出来就被压制，又再次表达的想法，想象一连串刚迸发出来就被遏制，又再次喷薄而出的话语。我们将再次目睹两股顽固势力之间的抗衡。然而，此番景象将失去其物质性。我们观看的不再是木偶戏，而是真正的喜剧。

许多滑稽场景都可归为这种简单类型。例如，在莫里哀的《逼婚》场景中，斯加纳雷尔和哲学家潘克雷斯所产生的滑稽效果，就在于前者逼迫后者听他说话与后者像台自说自话的机器那般固执己见之间的冲突。随着剧情的发展，盒中小人的形象变得愈发清晰，以至于最后剧中人物亦仿效之——斯加纳雷尔每次都会把潘克雷斯推到后台，潘克雷斯每次都会回到舞台上继续喋喋不休。当斯加纳雷尔终于把潘克雷斯赶回屋内（我本想说关进盒内）时，窗户突然打开，潘克雷斯再次探头，就像弹开了盒盖那般。

这与《没病找病》中的场景如出一辙。皮尔贡先生向蔑视医学的阿尔冈倾泻怒火，用各种疾病威胁他。每当阿尔冈从椅子上站起来，似乎要让皮尔贡闭嘴时，皮尔贡就会消失片刻，仿佛被人推到后台，紧接着又仿佛被弹簧推动，嘴里念叨着新的诅咒回到舞台上。同样的感叹词"皮尔贡先生！"重复出现，仿佛在为这出小喜剧打着节拍。

仔细观察弹簧拉伸、松弛、再拉伸的形象，拆解其中的要点，就会发现古典喜剧的惯用手法之一——重复。

为何在戏剧中重复词句会产生滑稽效果？似乎没有任何笑的理论能完美地回答这一简单的问题。脱离滑稽特质所暗示的内容，仅从其本身去寻求解释，亦无法回答这一问题。现行方法的不足之处便体现于此。但事实是，抛开我们稍后要讨论的若干特例不谈，重复词句本身并不可笑。它之所以可笑，只因其象征着某种精神元素的特殊游戏，而这种游戏本身又象征着某种全然物质性的消遣。这是猫捉老鼠的游戏，是孩童不厌其烦地把小人推回盒底的游戏，但它又以精致化、精神化的形式，转移到情感与思想的领域。我们认为，下述规律定义了在戏剧中重复词句所产生的主要滑稽效果：词句的滑稽重复通常涉及两个术语，其一是像弹簧般松弛的被压抑的情感，其二是以重新压抑这种情感为乐的想法。

当多丽娜向奥尔贡讲述他妻子爱尔米尔的病情时，奥尔贡却不时打断她，询问答尔丢夫的健康状况。"答尔丢夫呢？"这一重复出现的问题，给我们带来弹簧的松弛之感。每当多丽娜继续讲述爱尔米尔的病情时，弹簧都会被她推回去。当司卡班告诉老杰隆特，他的儿子在著名的战船上被俘，必须尽快缴纳赎金时，他就像多丽娜玩弄奥尔贡的盲从那般玩弄杰隆特的吝啬。吝啬刚被压制住，又自动涌上来，莫里哀正是通过机械地重复这句话来体现这种自动性，并表达杰隆特对必须缴纳赎金的痛惜："他上那艘船有什么鬼事干啊？"同样的手法适用于瓦莱尔向阿巴贡指出不应将女儿嫁给她不爱之人的场景。吝啬的阿巴贡总是用"不要嫁妆！"这句话打断瓦莱尔。在这句自动重复的感叹句背后，我们看到的是按照固定观念运转的重复机械装置。

有时，这种机械装置难以察觉。在此，我们遇到了滑稽理论中的新难题。在某些情况下，场景的全部趣味在于人物的二重性，其对话者仅作为棱镜，折射出这种二重性。如果我们从所见所闻，即人物出演的外部场景，而非从外部场景所折射的内在喜剧中寻找产生滑稽效果的秘密，就有可能误入歧途。譬如，当奥隆特问阿尔塞斯特是否认为他的诗写得糟糕时，阿尔塞斯特固执地回答"我没这个意思！"，虽然奥隆特显然不是在跟阿尔塞斯特玩我们刚才描述的游戏，但这种重复却不免滑稽。不过需要注意，阿尔塞斯特身上住着两种人：一种是发誓从今以后要直言无隐的"愤世者"，另一种是无法贸然将礼貌抛诸脑后的绅士，或是在需要将理论付诸实践、需要伤人自尊或令人不快的关键时刻临阵退缩的老好人。因此，真正的场景并不是在阿尔塞斯特和奥隆特之间，而是在阿尔塞斯特和阿尔塞斯特之间。一个阿尔塞斯特想一吐为快，另一个阿尔塞斯特却在他即将脱口而出之际捂住了他的嘴。每一句"我没这个意思！"都表明阿尔塞斯特愈加努力地想要压抑和盘托出之事。于是，这句话的语气变得愈加激烈，阿尔塞斯特也变得愈加愤怒——不是像他所设想的对奥隆特生气，而是对自己生气。弹簧的张力不断延续与加强，直至最后断裂。此处亦是相同的重复机械装置。

当一个人下定决心只说肺腑之言，哪怕他"与全人类翻脸"，也未必滑稽：这是生活，且是最高尚的生活；当另一个人出于和善、自私或轻蔑而喜欢溜须拍马：这也是生活，无甚可笑之处。即使将这两个人合而为一，让人物在残酷的坦率与虚伪的礼貌之间犹豫不决，这两种对立情感之间的斗争仍不至于滑稽。如果这两种对立情感相互完善，并肩发展，形成一种复合的精神状态，最终采取一种给我们留下复杂的生活印象的折衷方式，那么这场斗争就会显得严肃。但现在，假设一个生命体兼具这两种顽固且僵化的情感，并在二者之间左右摇摆，尤其是采用常见、简单和幼稚的机械装置形式，使这种摇摆变得全然机械化，你将会看到我们迄今为止在可笑物体中发现的形象，你将会看到生命体身上的机械装置，你将会看到滑稽。

我们已经详细讨论了第一个形象——吓人箱，以说明滑稽幻想是如何将物质机械装置逐渐转化为精神机械装置。现在，我们将研究其他两种游戏，但仅限于简要说明。

二、提线木偶。在无数喜剧场景中，人物自以为言行自由，因而保留了生命的本质，但从某种角度来看，他似乎只是玩弄他的人手中的玩具。从孩童操纵的提线木偶，到司卡班操纵的杰隆特和阿尔冈特，两者之间的转变极易实现。听听司卡班本人的说法："我已经想好计策了"，以及"是天意把他们赶进我的鱼网"，等等。出于本能，也因为至少在想象中，人宁可骗人也不愿被骗，于是观众都会站在骗子一边。从那时起，观众就像说服玩伴把玩偶借给他的孩童，亲自操纵骗子手中的木偶，让它在舞台上来去自如。然而，亲自操纵木偶这一种条件并非不可或缺。只要我们保留对机械安排的清晰感，就可以轻松地置身事外。当人物在两种对立观点之间摇摆不定，每种观点都将他拉向自己时，就会出现这种情况：例如巴汝奇向庞大固埃请教他是否应该结婚。我们注意到，滑稽作家总是将两种对立观点拟人化。即使没有观众，至少也需要演员来牵线。

生命的一切严肃性都源于我们的自由。成熟的情感，酝酿的激情，斟酌、决定并实施的行动，总之是来自我们、真正属于我们之物，正是它们赋予生命时而戏剧性、时而严肃的外表。如何将这一切变成喜剧呢？只消想象表面自由之下隐藏的提线，正如诗人苏利·普吕多姆所说，我们是世上：

……卑微的木偶

提线掌握在命运手中。

因此，幻想能够通过唤起这一简单形象而将任何真实、严肃，甚至是戏剧性的场景变得滑稽。没有哪种游戏能拥有如此广阔的场域。

三、雪球。我们对喜剧手法的研究愈深入，愈能理解童年回忆所起的作用。这种回忆与其说是指某种特殊游戏，毋宁说是指该游戏背后的机械装置。同样的普遍装置可能会出现在大相径庭的游戏中，正如相同的歌剧咏叹调会出现在许多幻想曲中。此处重要的、头脑所保留的、不知不觉地从孩童游戏到成年人消遣所传递的，是游戏的组合图式，亦可说是这些游戏的具体应用的抽象公式。以越滚越大的雪球为例。不妨想象站成一排的玩具士兵：你推倒第一个，他就会撞倒第二个，第二个又会撞倒第三个，事态不断升级，直到他们全部倒在地上。再想象一栋经过精心搭建的纸牌屋：你碰到的第一张纸牌安然无恙，而它旁边的纸牌却摇摇欲坠，坍塌的势头愈来愈猛，最终一触即溃。上述事例虽各不相同，但都暗示着同样的抽象景象，即当效果呈算术级数增长时，起初微不足道的原因，最终会不可避免地演变出意料之外的严重后果。现在，只要打开儿童绘本，就会发现这一装置已经朝滑稽场景的形式发展。譬如，随意翻开一本埃皮纳勒漫画，就能看到一位访客急匆匆地走进客厅，他撞到了一位女士，女士把茶杯打翻在一位老先生身上，老先生滑倒撞在玻璃窗上，玻璃窗砸落在一名街头警察的头上，警察发动全城警力调查，等等。同样的装置也出现在许多成人绘本中。在漫画家所描绘的"无声故事"中，经常会有一个移动的物体和与之相关的人物：随着场景的转换，物体位置的变化机械地导致相关人物的处境每况愈下。现在再来看看喜剧。许多滑稽场景，甚至许多喜剧，都可归为这种简单类型。只消重读《讼棍》中奇卡诺的描述："诉讼案层出不穷，诉讼机制运转愈来愈快（拉辛通过法律术语的叠加，让我们产生加速感），直到为干草堆打官司，让原告倾家荡产。"《堂吉诃德》中的某些场景也有同样的安排，例如在客栈场景中，一连串匪夷所思的情况使得骡夫打桑丘，桑丘打玛丽托内斯，客栈老板打玛丽托内斯，等等。最后再来看看当代滑稽剧。还需提醒各位这种组合的所有表现形式吗？有一种频繁使用的形式：某件物品（例如一封信）对某些人物至关重要，必须不惜一切代价找到它。这件物品总是在人物自以为得手之际溜走，它在整部剧中掀起愈加严重、愈加难以预料的事件。这一切乍看之下更像是孩童游戏。这就是滚雪球效应。

机械组合的特点在于其可逆性。当孩童看到九柱戏中的球撞倒所有挡路之物、造成灭顶之灾时，他会捧腹大笑；当球经过七弯八拐、摇摆不定之后回到起点时，他会更加喜笑颜开。换言之，前文所述的机械装置在进行直线运动时已然滑稽；当它进行圆周运动，而人物努力通过命运般的因果循环，却仅将其带回原点时，则更为滑稽。许多滑稽剧都围绕这一想法展开。在拉比什的喜剧《意大利草帽》中，一匹马吃掉了一顶意大利草帽。整个巴黎只有一顶相同的草帽，必须不惜一切代价找到它。这顶草帽总是在众人即将抓住它时溜走，它让主角东奔西走，而主角又让其他角色紧跟其后：就像一块磁铁，吸引着悬散成群的铁屑。当历经千辛万苦，目标终于近在咫尺时，众人却发现苦苦追寻的草帽正是被吃掉的那顶。在拉比什的另一部同样著名的喜剧《集体储钱箱》中，人物也费尽一番周折。开场是一对老相识——一个老光棍和一个老处女，他们每天都聚在一起玩牌。他们分别托一家婚姻介绍所寻找伴侣。经历千难万险与频繁意外，他们并肩走过整部剧，最终回到彼此面前。同样的循环效果，同样的回到起点，也出现在最近的一部剧作中。一位受尽欺负的丈夫认为只要离婚就能逃离妻子和岳母的魔掌。当他再婚时，却发现他的前妻竟以新岳母的身份回到了他身边！鉴于这种滑稽的强度和频率，我们不难理解为何它能激发某些哲学家的想象力。翻过千山万水，却在不知不觉中回到起点，这无异于竹篮打水一场空。或许可以尝试用下述方式来定义滑稽。赫伯特·斯宾塞认为,笑是努力突然遭遇空虚的标志。康德也曾说过:"笑来自突然化为乌有的期待。"毫无疑问,上述定义适用于最后几个例证;即便如此,仍需对公式加以限制,因为许多无用的努力并不会引人发笑。不过,倘若最后几个例证说明大因产生小果,那么前文引用的其他例证则可反证小因产生大果。事实上,第二个定义并不比第一个定义更具说服力。因果之间的不相称无论出现在哪一方,都不是笑的直接来源。我们笑的是这种不相称在某些情况下所展现之物,即透过一系列因果所看到的特殊机械安排。倘若忽视这种安排,也就失去了能够指引你穿越滑稽迷宫的唯一线索,而你所遵循的规则,或许适用于少数精心挑选的事例,但随时都有可能被首次出现的不恰当的实例所推翻。

但我们为何会笑这种机械安排呢?奇怪的是,个人或群体的历史有时看起来像是由齿轮、弹簧或提线操纵的游戏。但这种奇怪的特性从何而来？它为何滑稽？对于这一以多种形式提出的问题，我们总会给出相同的答案。我们偶尔会在人类事务生动的连续性中捕捉到僵化的机械装置，这一"入侵者"具有特殊意义，因为它是生命的心不在焉。如果事件能够始终留意自身的进程，就不会有巧合、偶遇和循环，一切都会不断向前发展。如果人能够始终专注于生活，始终与他人和自身保持联系，就不会有任何事物通过弹簧或提线来操纵人。滑稽是人与事物相似的一面，是人类事件借由其特有的僵化，模仿纯粹简单的自动机械装置、模仿了无生气的运动的一面。因此，滑稽表达的是个人或集体需要立即加以纠正的缺陷。笑就是这种纠正。笑是一种社会姿态，它识别人与事件中某种特殊的心不在焉，并加以制止。

但这反而促使我们看得更高、更远。迄今为止，我们已在成年人消遣中发现某些逗孩童开心的机械组合。这是一种经验主义的方法。现在，不妨通过系统而完整的推理，从机械组合的源头，从其恒定而简单的原则中，总结出滑稽剧繁复多变的手法。正如我们所说，滑稽剧将事件组合起来，从而将机械装置渗透到生命的外在形式中。因此，首先需要确定生命的外在形式与简单机械装置相比有哪些基本特征。然后，只消转向相反的特征，就能为真实和可能的喜剧手法找到普遍而完整的抽象公式。

生命呈现出时间上的演进与空间上的繁复。从时间上看，生命是持续衰老的过程：换言之，生命既从不倒退，亦从不重复。从空间上看，生命展现出唇齿相依、互为因果的共存元素，它们不可能同属于两个不同的有机体：每个生命体都是一个封闭的现象系统，无法干扰其他系统。外观的持续变化、现象的不可逆性、自成系列的完美个体性，这些就是生命体区别于简单机械装置的外在特征（真实与否并不重要）。分别找出相反的特征，我们将得到三种手法：重复、倒置和相互干扰。不难看出，以上就是滑稽剧的手法，除此之外再无其他。

首先，它们以混合状态出现在刚才回顾的场景中，甚至还出现在重现其机械装置的孩童游戏中。对此，我们不再赘述。通过新例证来研究纯粹状态下的手法更有价值，也更容易，因为它们时常出现在古典喜剧和当代戏剧中。

一、重复。现在不再是某位人物重复一个词或一句话，而是一种情境，即原封不动地重复出现，从而与不断变化的生命形成对比的情况组合。经验已经向我们展示这种滑稽的雏形。譬如，你在街上遇到一位许久未见的朋友，这种情境并无滑稽之处。但如果你在同一天再次遇见他，然后是第三次、第四次，你可能会因这种"巧合"而发笑。现在，想象一系列足以给你生命幻觉的虚构事件，并设想在这一系列不断变化的事件中，同一场景在相同或不同的人物之间重复出现：你将再次目睹巧合，且是更不同寻常的巧合。这就是戏剧中的重复。重复的场景愈复杂、愈自然，重复也就愈滑稽——复杂与自然似乎是相互排斥的两个条件，剧作家必须施展才华以调和它们。

当代滑稽剧以各种形式运用了该手法。最著名的形式之一，就是将一组人物逐幕带入迥然不同的环境中，以便在不断变化的新环境中重现对称的同一系列事件或不幸遭遇。

在莫里哀的几部剧作中，整部喜剧从头到尾都在重复同样的事件安排。例如，《太太学堂》无非是用三拍节奏带回并重现某种效果：第一拍，贺拉斯告诉阿诺夫他如何设计欺骗阿涅丝的监护人，殊不知阿涅丝的监护人正是阿诺夫本人；第二拍，阿诺夫自认为躲过了贺拉斯的圈套；第三拍，阿涅丝设法让贺拉斯从阿诺夫的防范中获益。同样的对称重复也出现在《丈夫学堂》《冒失鬼》，尤其是《乔治·唐丹》中：第一拍，乔治·唐丹发现妻子不忠；第二拍，他请岳父母前来解围；第三拍，乔治·唐丹本人道歉。

有时，同一场景会由几组不同的人物再现。通常第一组是主人，第二组是仆人。仆人会用不同的语调，以粗鄙的风格，重复主人已经表演过的场景。《情仇》和《安菲特律翁》的部分情节就采用了这种结构。在贝内迪克斯的诙谐单幕喜剧《固执》中，主仆顺序颠倒：仆人创例在先，主人执拗地模仿在后。

然而，无论在哪些人物之间安排对称的情境，古典喜剧和当代戏剧之间似乎仍存在着深刻的差异。两者的目的始终是在事件中引入某种数学秩序，同时保持其可能性，亦即生命的可能性。但两者采取的手段不同。大多数滑稽剧都试图直接迷惑观众的心灵。无论巧合多么离奇，它都会因为被接受而变得可接受；只要我们逐渐做好接受的准备，就会接受它。这就是当代作家经常采用的方法。相反，在莫里哀的戏剧中，使重复显得自然的是人物的情绪，而非观众的情绪。每位人物都代表着朝某个方向施加的某种力量，正因这些方向恒定的力量必然以相同的方式相互组合，同一情境才会重现。由此观之，情境喜剧与性格喜剧有异曲同工之妙。倘若古典艺术是指从效果中得到之物少于在原因中投入之物的艺术，那么情境喜剧就堪称古典艺术。

二、倒置。倒置与重复极为相似，我们只需对其进行定义，不必坚持举例说明。想象处于某种情境中的某些人物：将情境颠倒、角色互换，就会出现滑稽场景。《佩里雄先生的旅行》中的双人营救场景就属于此类。但无需在我们面前上演两个对称的场景，只要确信我们能想象出另一个，就可以只向我们展示一个。因此，我们会笑教训法官的被告、妄图教导父母的孩子，总之是笑归于"颠倒的世界"之物。

喜剧中经常会出现暗设罗网却缠住自己的人物。害人者人恒害之、骗人者人恒骗之的情节，构成许多喜剧的基础。古老的闹剧已说明这一点。帕特林律师向其委托人传授欺骗法官的伎俩，委托人却使用相同的伎俩来逃律师费。一个脾气暴躁的妻子要求丈夫包揽所有家务，她把每项家务都写在"待办清单"上。某天妻子掉进大水桶里，丈夫却拒绝把她拉上来，因为"这项家务不在他的'待办清单'上"。现代文学就"贼被贼偷"的主题创作了许多变体。归根结底，其主旨在于角色的倒置，以及使创作者引火烧身的情境。

在此，我们已通过众多例证验证一条规律。当一个滑稽场景频繁再现时，它就会成为一种"类型"或范式。它本身就会变得滑稽，与引人发笑的原因无关。于是，新场景虽在理论上并不滑稽，但若在某种程度上与滑稽场景相似，事实上也会变得滑稽。它们将在我们的脑海中依稀唤起已知的滑稽形象。它们将被归为公认的滑稽类型。"贼被贼偷"的场景就属于这一类型，它所包含的滑稽元素投射到许多其他场景。任何因自身过失而遭遇的不幸，最终都会变得滑稽，无论是何种过失或不幸——甚至只要提及这种不幸，只要说出能让人想起不幸的词，便已滑稽。"乔治·唐丹，这是你自找的"这句话若未引起滑稽的共鸣，便无可笑之处了。

三、我们已经用相当长的篇幅来讨论重复和倒置。现在来谈谈相互干扰。由于这种滑稽效果在戏剧中的表现形式不胜枚举，因此极难归纳出公式。或许可以将其定义如下：当一种情境同时属于两个完全独立的系列事件，并且能够同时以两种完全不同的意义来解释时，这一情境必然具有滑稽效果。

我们立刻会想到误会。误会正是同时呈现两种不同意义的情境，一种是演员提出的可能意义，另一种是观众给出的真实意义。因为我们已经注意到情境的方方面面，所以我们看到的是情境的真实意义；但演员只知晓情境的某个方面，因此，他们会产生误解，会对周围发生的事情和他们自己所做的事情做出错误的判断。我们从错误的判断走向正确的判断；我们在可能意义与真实意义之间徘徊；误会带给我们的乐趣，正是精神在这两种对立解释之间的摇摆。我们知道，某些哲学家对这种摇摆感到特别震惊，有些哲学家则认为滑稽的本质在于两种相互矛盾的判断的冲突或重合。然而，他们的定义远非适用于所有情况；即使适用，亦未定义滑稽的原则，仅或多或少地定义滑稽的后果之一。不难看出，戏剧中的误会无非是一种更为普遍的现象——独立系列的相互干扰——的特例，况且误会本身并不可笑，它只是作为这种相互干扰的标识而已。

在误会中，每位人物都置身于一系列与他有关的事件，他对此有确切的表述，并以此作为言行的基调。每位人物所置身的一系列事件皆独立发展，但它们交会于某刻，条件是某位人物的言行同样适用于另一位人物。人物的误解和语义双关由此而来，但后者本身并不滑稽，它之所以滑稽，仅因其揭示了两个独立系列事件的巧合。作者必须绞尽脑汁地让我们注意到独立与巧合这两个事实，便证明了这一点。作者一般会通过不断地威胁分离两个系列事件之间的巧合来实现这一点。随时都有可能分崩离析，但随时都设法补阙挂漏：正是这种游戏引人发笑，远比精神在两个对立论断之间的摇摆要有趣得多。究其根源是因为它向我们揭示了两个独立系列事件的相互干扰，这才是滑稽效果的真正来源。

可见，误会无非是种特例，一种说明系列事件相互干扰的方法（或许是最人为的方法），而非唯一的方法。与其采用两个当代系列事件，毋宁采用一古一今两个系列事件：倘若这两个系列事件在想象中相互干扰，就不再有误会，但同样会产生滑稽效果。想想被囚禁在西庸城堡的博尼瓦：这是一系列事件。再想想在瑞士旅行时被捕入狱的达达兰：这是独立于前者的另一系列事件。现在，将达达兰绑在博尼瓦被缚的锁链上，从而使这两个事件似乎短暂重合，你将看到极为有趣的场景，这是都德幻想中最有趣的场景之一。许多模仿英雄风格的事件亦可如此分解。由古移今的滑稽效果亦是出于同样的想法。

拉比什以各种形式运用了该手法。有时，他先创作独立的系列事件，然后让它们相互干扰：他会把某个固定群体——例如婚礼队伍——扔到毫不相干的环境中，而某些巧合又使他们暂时融入其中。有时，他会在整部剧中保留同一组人物，但设法让其中某些人物有所隐瞒，心照不宣，最终在大喜剧中上演小喜剧：两部喜剧随时都会相互干扰，然后一切回归正常，两个系列事件的巧合重又出现。有时，他会在现实系列事件中引入理想系列事件，例如不可告人的往事，它不断闯入现在，并且每次都能在局势失控之际力挽狂澜。无论如何，我们总能发现两个独立的系列事件，以及部分的巧合。

我们将不再进一步分析滑稽剧的手法。无论是相互干扰、倒置还是重复，其目标始终如一：获得我们所说的生命机械化。我们将采取一组行动与关系，或原封不动地重复它们，或颠倒它们，或把它们整体转移到与之部分重合的另一组行动与关系中——所有这些操作都是将生命视为具有可逆效果、可互换零件的重复机械装置。现实生活之所以是滑稽剧，是因为它自然而然地产生同类效果，因而也忘记自身就是一出滑稽剧；倘若它始终关注自身，它将是时刻变化的连续性、不可逆转的进步和不可分割的统一体。因此，事件的滑稽可被定义为事物的心不在焉，正如个人性格的滑稽总是源于人的某种根本性的心不在焉。我们已经暗示过这一点，并将在下文详细说明。不过，事物的心不在焉极为特殊，其影响甚微，且无法纠正，所以笑它无甚意义。如此看来，倘若笑不是一种乐趣，倘若人类不抓住任何借口沉迷于笑，就不会想到夸大事物的心不在焉，将其变成一种体系，为其创造一门艺术。这就是滑稽剧之于现实生活的意义，正如提线木偶之于行走之人，它是对某种自然僵化事物的人为夸大。滑稽剧与现实生活之间的联系极为脆弱。它无非是一种游戏，像所有游戏一样，依附于约定俗成的惯例。性格喜剧在生活中扎根更深。我们将在研究的最后部分重点讨论性格喜剧。但首先，我们必须分析某种在许多方面与滑稽剧相似的滑稽类型，即言语滑稽。

二

因为我们迄今为止所研究的大多数滑稽效果皆通过语言产生，所以将言语滑稽单列成类未免有些牵强。不过，必须区分用语言表达的滑稽和用语言创作的滑稽。严格来讲，前者可以从一门语言译成另一门语言，即使这意味着在风俗、文学，尤其是观念联想方面都不同的新社会中丧失大部分意义；但后者通常不可译，其存在取决于句子结构或词语选择，它并非通过语言来阐述人或事件之特定的心不在焉，而是指出语言本身的心不在焉。因此，滑稽的是语言本身。

诚然，语句无法靠自身生成。假使我们笑语句，亦是笑语句的作者。不过，因为语句本身就具有滑稽性，所以笑其作者并非必要条件。事实证明，在大多数情况下，尽管有时我们会隐约感觉到有人牵涉其中，但很难言明究竟在笑谁。

况且，所笑之人并不总是说话者。在此，似乎应对"诙谐"与"滑稽"做出重要区分：当一个词让我们笑说话者时，它就是滑稽的；而当它让我们笑他人或自己时，它就是诙谐的。但很多时候，我们很难断定一个词究竟是滑稽还是诙谐，只能说它很可笑。

在继续讨论之前，不妨仔细研究"诙谐"的含义。因为谐语至少能让我们会心一笑，所以倘若不去深究诙谐的本质、厘清其概念，对笑的研究便不甚完整。然而，恐怕这种极其微妙的本质一经曝光就会烟消云散。

首先必须区分"诙谐"一词的广义和狭义两种含

义。从广义上讲，所谓的诙谐似乎是指某种戏剧性的思维方式。诙谐者并不将其想法视为冰冷的符号，而是看到它们、听到它们，尤其是让它们像人一样相互交谈。他把想法搬上舞台，亦是把自己搬上舞台。诙谐的民族亦是热爱戏剧的民族。诙谐者身上都有诗人的身影，如同善读者身上都有演员的雏形。我有意做出这种比较，因为在诙谐者与诗人、善读者与演员之间极易建立起对应关系。要读好书，只消具备表演艺术的智识部分；但要演好戏，就必须成为全身心投入的演员。同理，要创作诗歌，需要某种程度的忘我，但诙谐者通常不至于此。他或多或少会通过言行流露自我，但他并非全神贯注于言行，仅在其中发挥聪明才智。

因此，任何诗人都可以自愿地表现为诙谐者。为此，他无需获得任何东西，反倒必须放弃一些东西。他只需让想法"无为地、愉悦地"相互交流。他只需解开使思想与感情、灵魂与生命保持联系的双重纽带。简言之，只要他决心不再做有感情的诗人，而只做有智识的诗人，他就会变成诙谐者。

然而，假若诙谐通常是指从戏剧的视角看待事物，那么它显然可以运用于某种戏剧艺术——喜剧。此处是诙谐的狭义含义，亦是从笑的理论角度来看，我们唯一感兴趣的含义。我们把诙谐称为将喜剧场景一挥而就的天赋，但其手法是如此巧妙、细腻和迅速，以至于当我们开始注意到这些场景时，一切皆已戛然而止。

这些场景中的演员是谁？诙谐者在与谁打交道？当谐语直接反驳对话者时，首先是其对话者本人。其次是不在场之人，他假定这个人已经说过话，并且正在回应他。更多的时候，他通过将主流观点扭曲成悖论，或使用陈腔滥调，或模仿引语或谚语，来与所有人，或者说人的常识打交道。将这些微型场景相互比较，就会发现它们几乎都是我们熟知的喜剧主题"贼被贼偷"的变体。用隐喻、词句或推理来反驳提出该隐喻、词句或论点之人，让他说出本不想说的话，让他掉进自设的语言陷阱。但"贼被贼偷"并不是唯一可能的主题。我们已经讨论过多种滑稽，没有哪种滑稽不能被打磨为谐语。

因此，我们可以对谐语加以分析，如同为其开出药方。具体如下：首先将谐语放大成常规场景，然后寻找该场景所属的滑稽类别；如此一来，就能将谐语还原成最简单的元素，从而得到完整的解释。

让我们将此方法应用到古典例证中。德·塞维涅夫人写信给她生病的女儿："你的胸口让我心痛。"这显然是一句谐语。假使我们的理论正确，只消强调这句话，将其放大，就能看到它扩展成滑稽场景。在莫里哀的《爱情是医生》中，恰好就有现成的场景。冒牌医生克莱唐德被召去给斯加纳雷尔的女儿看病，他仅为斯加纳雷尔诊脉，就凭借父女血脉相依的道理，毫不犹豫地得出结论："令媛病得很重！"此举便从诙谐转向了滑稽。为完成分析，我们只需在为父母号脉之后便对孩子做出诊断的想法中寻找滑稽元素。我们知道，滑稽幻想的基本形式之一，就是把生命体想象成提线木偶，并且为形成这种形象，我们时常会看到两个或多个人物，其言行举止仿佛被无形的提线紧紧相连。难道不正是这种想法引导我们将假定存在的父女情深具体化吗？

不难理解，为何研究诙谐的作家仅能指出该词所代表的事物的异常复杂性，却通常无法定义它。诙谐有许多表现形式，滑稽亦然。除非首先确定诙谐与滑稽之间的一般关系，否则又怎能发现二者表现形式之间的共同点呢？不过，一旦厘清这种关系，一切皆会一目了然。滑稽与诙谐之间的关系，如同常规场景与稍纵即逝的可能场景之间的关系。滑稽的形式愈多，诙谐的种类愈丰富。因此，必须首先找到从一种滑稽形式通向另一种滑稽形式的线索（这已相当困难），以此来定义各种形式的滑稽。如此一来，我们就顺带分析了诙谐——极不稳定状态下的滑稽。如果采用相反的方法，直接寻找诙谐的公式，则必然碰壁。假如一位化学家放着实验室里的大量物质不用，而从含有极微量该物质的大气中获取，我们将作何感想？

不过，诙谐与滑稽之间的比较也为我们指明了研究言语滑稽的方向。一方面，滑稽话语与谐语之间并无本质区别；另一方面，谐语虽与修辞手法有关，却能唤起滑稽场景中或模糊或清晰的形象。这意味着言语滑稽应与动作滑稽和情境滑稽逐点对应，换言之，前者无非是后者在言语层面上的投射。因此，我们还是回到动作滑稽与情境滑稽，思考获得滑稽的主要手法，并将之应用于遣词造句。由此便能发现言语滑稽的各种形式以及诙谐的各种变体。

一、正如我们所知，滑稽的主要来源之一就是由于僵化或惯性，说出本不想说的话或做出本不想做的事。有鉴于此，心不在焉本质上是可笑的；也正因如此，我们会笑任何僵化、刻板、机械的姿势、态度甚至面部表情。语言中也存在这种僵化吗？毫无疑问，因为语言包含惯用句型与陈词滥调。总是用这种方式说话的人物必然滑稽。但要使脱离说话者的语句本身具有滑稽效果，就必须不仅仅是陈词滥调，还必须带有某种能让我们一眼看出它是脱口而出的标识。只有当语句本身包含明显的荒谬——或严重错误、或自相矛盾——时，才能满足上述条件。由此可得出一般规则：将荒谬想法融入陈词滥调，便能得到滑稽话语。

普鲁多姆先生说："这把剑是我人生中最快乐的一天（Ce sabre est le plus beau jour de ma vie）。"这句话在法语中足够滑稽，但将之译为英语或德语，就会变得荒诞不经。原因在于，"我人生中最快乐的一天（le plus beau jour de ma vie）"是法国人耳熟能详的惯用句尾。要使这句话变得滑稽，只消突出说话者的机械性即可。为此，需要在句中插入荒谬成分。此处的荒谬并非滑稽的源头，只是呈现滑稽的最简单有效的手段。

我们只引用了普鲁多姆先生的一句话，但他的大部分话语都基于同样的模式。普鲁多姆先生是惯用语专家。虽然所有语言都有惯用语，而普鲁多姆先生的话语通常都能被转述，但极少能译成其他语言。

有时，司空见惯的话语背后潜藏着荒谬，令人难以察觉。一个懒鬼说："我不喜欢在两餐之间工作。"倘若不是因为"两餐之间不宜进食"这条健康戒律，这句话便无好笑之处了。

有时，滑稽效果极为复杂。不止是一句惯用语，而是两三句惯用语相互嵌套。例如，拉比什笔下的某位人物说："只有上帝有权杀死他的同类。"此处似乎使用了两句耳熟能详的谚语："上帝处置人的生命"与"人杀死同类是犯罪"。但这两句话的结合欺骗了我们的耳朵，给我们留下机械地重复并理所当然地接受惯用语的印象。于是，昏昏欲睡的注意力突然被荒谬惊醒。

上述例证足以说明，最重要的一种滑稽形式是如何以简化的形式投射到言语层面的。下面来谈另一种不太普遍的形式。

二、"任何与人的精神有关但唤起我们对其身体关注的事件都是滑稽。"这是本书第一章提出的规律。将该规律应用到言语层面，可以说，大多数词语都具有物质意义和精神意义，这取决于我们是从本义还是转义来理解它们。事实上，每个词起初都指代具体的物体或有形的动作，但词义逐渐被精神化为抽象的关系或纯粹的观念。因此，如果上述规律在此成立，则应表述如下："当我们试图从本义理解转义表达时，就会产生滑稽效果"；或者"一旦我们的注意力集中在隐喻的具体方面，所表达的想法就会变得滑稽"。

在"所有艺术都是兄弟（Tous les arts sont frères）"这句话中，"兄弟"（frères）一词用以隐喻或多或少的相似之处。该词经常以这种方式使用，以至于当我们听到它时，不再联想到相似关系所隐含的具体的物质意义。如果有人说"所有艺术都是表亲"（Tous les arts sont cousins），我们就会更加注意到这一点，因为"表亲"（cousins）一词很少用于转义，所以该词在此会带有些许滑稽意味。现在更进一步，假设我们的注意力被隐喻的具体方面所吸引，选择词性相悖之词来构成隐喻中的相似关系，就会产生滑稽效果。普鲁多姆先生有句名言："所有艺术都是姐妹 ①（Tous les arts sont soeurs)"。

----

① 法语中的名词有阴性和阳性之分，此处的"艺术"（arts）是阳性名词，而"姐妹"（soeurs）是阴性名词，同时使用导致词性搭配混乱，由此产生滑稽效果。

有人曾在布夫莱公爵面前谈论一个自以为是之人："他总是追着诙谐跑（Il court après l'esprit）。"假如布夫莱公爵回答："他永远也追不上它。（Il ne l'attrapera pas）"这将是谐语的开头，但也不过是开头而已，因为"追"（attraper）与"跑"（courir）二词通常用于转义，并不足以迫使我们想象出两个你追我赶的赛跑者的形象。要使回答显得诙谐，就得从体育用语中借用具体生动的词语，使我们仿佛亲临比赛。这就是布夫莱公爵的回答："我为诙谐下注！（Je parie pour l'esprit）"

　　我们说过，诙谐通常在于延伸对话者的想法，令其表达与自身想法相反之意，令其陷入自身的言语陷阱。需要补充的是，这一陷阱通常是隐喻或明喻，其具体方面却与对话者的想法背道而驰。我们不禁想起《虚假的老好人》中一对母子的对话："我的孩子，炒股是场危险游戏。你今天赚，明天就会赔。""好吧，那我就隔天玩一次。"在同一出戏中，两位金融家的对话也极富启发性："我们这样做厚道吗？毕竟，我们是从这些可怜的股东口袋里掏钱……""不然呢，你指望我们从哪个袋里掏钱？"

当我们试图扩展符号或标志的具体意义，并保留其原本的象征意义时，同样会产生滑稽效果。在一部生动的滑稽剧中，有位摩纳哥官员的制服上挂满了勋章，尽管他只获得过一枚勋章。他说："是这么回事，我把勋章押在轮盘赌的一个数字上，结果押中了，一赔三十六。"这不正与吉博耶在《无耻狂徒》中的推理类似吗？众人议论一位年过四十的新娘手捧橙花 ①，吉博耶则说："她都有资格手捧橙子，更何况是橙花！"

不过，倘若悉数列举所阐述的各条规律，并在所

---

① 橙花在西方文化中是纯洁、童贞与永恒的象征。

谓的言语层面上加以验证，则会无休无止。还是仅讨论上一节的三个一般性命题吧。我们已经证明，"系列事件"可以通过重复、倒置或相互干扰而变得滑稽。我们将看到，系列言语亦是如此。

将系列事件以新笔调或在新环境中重复，或在保留各自意义的同时颠倒顺序，或将其混合以使各自的意义相互干扰，这些都很滑稽，因为这意味着生命被任由机械地对待。然而，思想有生命，表达思想的语言亦应有生命。由此可以推测，倘若语句被倒置后仍然具有意义，倘若它不加区分地表达两种全然独立的想法，倘若它通过将想法转换笔调而生成，那么语句就会变得滑稽。我们将通过几个例证来说明，这就是所谓的"语句滑稽转换"的三条基本规律。

首先需要说明，这三条规律在滑稽理论中远非同等重要。倒置是最不重要的手法，但它极易应用。诙谐专家一听到某句话，就会尝试能否通过倒置来获得某种意义，譬如将主语与宾语的位置互换。用这种方法、以逗趣的字眼来反驳观点并不罕见。在拉比什的喜剧中，一个人对楼上弄脏阳台的房客喊道："你把烟斗倒在我的阳台上是什么意思？"房客反问道："你把阳台放在我的烟斗下面是什么意思？"此种诙谐例证俯拾皆是，无需赘言。

在同一句话中，两种想法的相互干扰是产生滑稽效果的不竭源泉。实现干扰的方法不计其数，本质是赋予同一句话两种相互重叠的独立含义。最简单的方法就是双关语。在双关语中，同一句话看似有两种独立含义，但这只是表象，实际上是由不同的词构成的两句话，因有相同的发音而听起来是同一句话。从双关语可以逐步过渡到真正的文字游戏。在文字游戏中，借由一词多义现象，尤其是从本义到转义的转变，同一个词便能使两种想法交织在同一句话中。因此，文字游戏与隐喻或明喻之间相差甚微。虽然寓意深刻的明喻与鲜活生动的意象似乎体现出语言与自然的亲密无间，被视为两种并行不悖的生命形式，但文字游戏却使我们联想到语言的放任自流，它一时忘记了自身的真正功能，声称要让事物适应自身，而非让自身适应事物。文字游戏因而揭示出语言短暂的心不在焉，这正是它的有趣之处。

简言之，倒置和相互干扰无非是玩弄词藻的精神游戏，更深刻的是换位产生的滑稽效果。事实上，换位之于日常语言的意义就如同重复之于喜剧的意义。

我们说过，重复是古典喜剧最常用的手法。它通过对事件的安排，使相同人物在新环境下或使新人物在相同环境下再现某一场景。譬如，仆人用粗鄙的语言重复主人已经表演过的场景。现在，设想某些以适当的风格表达，并在其自然环境中表达的想法；设想某种将上述想法转移到新环境，并保持彼此间关系的机械装置，或者换言之，如果能让想法以完全不同的风格表达自我，并转换成完全不同的笔调，就会看到上演喜剧、产生滑稽效果的是语言本身。此外，无需向我们呈现同一想法的两种表达方式，即换位表达和自然表达。因为我们熟知凭本能就能发现的自然表达，所以滑稽创作的重点是换位表达，也仅仅是换位表达。一旦换位表达出现在我们面前，我们就会自动想象出自然表达。由此可得出一般规则：将某种想法的自然表达转换成另一种笔调，便能产生滑稽效果。

换位的方式多种多样，语言的笔调层出不穷，滑稽涵盖从最平淡无奇的小丑表演到最高形式的幽默与反讽的众多阶段，就不一一列举了。只消在阐述规则之后，不时检验其主要例证即可。

首先可以区分两种极端的笔调：庄重与亲和。将其中一种转换成另一种，就能产生最明显的滑稽效果，从而得出两种相反的滑稽幻想。

将庄重的笔调转换成亲和的笔调，就会得到戏仿。按照该定义，戏仿效果还包括如下情况：用熟语表达习惯采用其他笔调表达的想法。以让·保罗·里希特对黎明的描述为例："天空开始由黑转红，如同煮熟的龙虾。"值得注意的是，由于古代事物周围笼罩着诗意的光环，所以用现代笔调来表达古代事物也会产生同样的效果。

毫无疑问，若干哲学家，尤其是亚历山大·贝恩，正是因为戏仿滑稽而提出用"降格"来定义滑稽的想法。滑稽源于"原本尊贵之物以粗鄙的面目出现在我们面前"。不过，倘若我们的分析无误，降格只是换位的形式之一，而换位本身也只是产生笑的手段之一。还有许多其他手段，而笑的源头必须追溯到更远处。况且，不难看出，倘若从庄严到平庸、从最好到最坏的换位是滑稽，那么相反的换位则更是如此。

两种换位都极为常见。我们可以根据换位对象的大小或价值来区分换位的两种主要形式。

通常来讲，把小事说成大事，就是夸张。当夸张持续时间长，尤其是自成体系时，就会显得滑稽：夸张其实也是一种换位手法。夸张令人捧腹大笑，以至于某些作家用夸张来定义滑稽，就像其他作家用降格来定义滑稽。夸张实则与降格无异，都是某种滑稽的形式，但却是极为引人注目的形式。它催生出滑稽英雄诗，这是一种老掉牙的体裁，但在倾向于按部就班地夸大其词之人身上仍能寻其遗踪。世人常言，自吹自擂之所以可笑，正是因为它具有滑稽英雄味。

更人为但也更精巧的是自下而上的换位，它适用于事物的价值，而非其大小。用高尚的语言来表达龌龊的想法，用尊贵体面（respectability）的词语来描述可鄙的境况、低贱的职业或卑劣的行径，通常都很滑稽。此处特意使用英文单词，因为这种手法本身就极具英国特色，在狄更斯、萨克雷以及英国文学作品中更是举不胜举。顺便指出：效果的强度并不取决于语句的长度。有时，只言片语便足以令我们窥见某个社会圈层所接受的一整套换位体系，并揭示出不道德的道德组织。以果戈理的戏剧《钦差大臣》为例，某位高级官员对其下属说："对于你这样级别的官员来说，你拿的也太多了！"

综上所述，换位可以在两个极端的比较项——极大与极小、最好与最坏——中的任一方向进行。现在，假设逐渐缩小比较项之间的间隔，对比将愈加不强烈，滑稽换位效果亦将愈加隐晦。

最常见的或许是现实与理想、实然与应然之间的对比。在此，换位同样可以在任一方向进行。有时我们陈述应然，却假装相信这是实然：这便是反讽。相反，有时我们细致入微地描述实然，却假装相信这是应然：这便是幽默。幽默是反讽的对立面。二者皆是讽刺的形式，但反讽具有演说性，而幽默则更具科学性。我们愈追求善，反讽意味就愈浓厚：正因如此，反讽使我们的内心变得炽热，直至成为某种高压下的雄辩。相反，我们愈深究恶，以冷漠的态度记录恶的细节，就愈彰显幽默。让·保罗等几位作家指出，幽默偏爱具体术语、技术细节和明确事实。倘若我们的分析无误，这并非幽默的偶然特征，而是其本质。幽默家是伪装成科学家的道德家，如同只为激起我们厌恶感的解剖学家；而幽默，就其狭义而言，正是从道德到科学的换位。

通过进一步缩小换位项之间的间隔，我们将获得愈加特殊的滑稽换位类型。例如，某些职业有其专业术语：将日常生活中的想法移植到专业术语中，会产生何等丰富的滑稽效果！将商业用语扩展到社会关系中，也不例外。譬如，拉比什笔下的某位人物收到一封邀请函，上面写着："Votre amicale du 3 de l'écoulé。"这便是套用了商业用语"您本月三号来函"（Votre honorée du 3 courant）。当此类滑稽不仅揭示职业习惯，而且透露性格缺陷时，就会具有特殊的深刻性。在《虚假的老好人》和《伯诺伊顿家族》的场景中，婚姻被当作生意来处理，情感问题用严格的商业用语来表述。

语言的特殊性仅能反映性格的特殊性，对此我们必须留待下一章进行更深入的研究。正如我们所预料的，也正如前文所看到的，言语滑稽紧随情境滑稽之后，并与之融合在性格滑稽之中。语言之所以产生滑稽效果，是因为它是人类的产物，尽可能精确地以人类思维形式为模型。我们在语言中感受到某种与生命息息相关之物；如果语言的生命白璧无瑕，如果语言中无甚僵化之物，如果语言是绝对统一、不可分割的有机体，那么它就会像与生命和谐相融的灵魂，像波澜不惊的水面，从而摆脱滑稽。然而，没有哪片池塘的水面上不漂浮着枯叶，没有哪个人类灵魂不沾染通过僵化自身来僵化他人的积习，没有哪种语言具备足够的灵活性、生命力与存在感，足以消弭陈词滥调，抵抗倒置、换位等机械操作，就像对待无生命之物那般。僵化、刻板、机械与灵活、多变、鲜活形成对比，心不在焉与全神贯注形成对比，机械性与自由活动形成对比，简言之，这些都是笑所强调并渴望纠正的缺陷。当我们开始分析滑稽时，我们就借助这一想法照亮出发点。我们在前进道路上的每一个决定性转折点都看到了它的光芒。现在，我们将以此为出发点，进行一项更重要、但愿也更具启发性的研究。我们将研究性格滑稽，或者说确定性格滑稽的基本条件，以期更好地理解艺术的真正本质，以及艺术与生活之间的一般关系。

第三章

性格滑稽

一

我们已经沿着滑稽的多条曲径，探索它如何潜入形式、态度、姿态、情境、动作和言语之中。现在我们将分析本书最重要的部分——性格滑稽。假使我们仅通过若干生动、粗糙的例证来定义滑稽，这亦是最困难的部分：当我们迈向滑稽的最高表现形式时，就会看到事实从企图捕获它们的定义网中溜走。我们实则选择自上而下地阐明这一主题。我们深信，笑具有社会意义与影响，滑稽首先表现为人对社会的极端不适应，离开人便无滑稽可言，因此我们的首要研究目标是人及其性格。其次，困难在于解释我们如何笑性格以外之物，滑稽如何通过巧妙的渗透、组合或混合过程，潜入简单的动作、非人为的情境或独立的语句之中。这就是我们迄今为止所做的研究。我们从纯金属开始，全力以赴地恢复其矿石原貌；现在则要研究纯金属本身。此事易如反掌，因为我们要研究的是一种简单元素。姑且让我们仔细审视一番，看看它对其他一切有何反应。

正如前文所述，有些情绪一经察觉就会触动我们，有些喜怒哀乐会让我们感同身受，有些激情与恶习会引起观者的惊愕、恐惧或怜悯，有些情感会唤起灵魂间的共鸣。以上都与生命的本质有关，都具有严肃性，有时甚至是悲剧性。喜剧始于他人不再打动我们之时，始于人对社会生活的无动于衷。我行我素、独来独往之人是滑稽的。笑可以纠正他的心不在焉，把他从梦境中唤醒。如果可以将大事与小事相提并论，不妨回顾新兵在进入军事学校时的情景：在通过艰难的考试之后，他还必须面对老兵为其准备的考验，目的是让他适应即将步入的新社会，或者用他们的话说，磨炼其心性。因此，在大社会中形成的任何小社会，都会出于模糊的本能，发明某种方法来纠正或磨合在其他地方养成的、必须加以改变的积习。如今的社会亦是如此。每个社会成员都必须学会审时度势，以他人为镜，避免囿于性格的象牙塔里。社会悬挂在每个成员头上的，即使不是受到惩戒的威胁，至少也是潜在的冷嘲热讽，尽管微乎其微，但却令人忌惮。这就是笑的作用。对于所笑之人来说，笑总是带有羞辱性，它实则是一种社会嘲弄。

由此可见，滑稽具有模棱两可性。它既不完全属于艺术，亦不完全属于生活。一方面，如果我们不能像坐在包厢看戏那般观察现实生活中人物的行为，他们就不会引人发笑；他们之所以滑稽，只是因为他们在我们面前演戏。但另一方面，即使在剧院中，笑所带来的乐趣亦非纯粹的享受——我指的是纯美学的、超然物外的享受，它还暗含着非个人即社会的隐秘意图。这一秘而不宣的羞辱意图，旨在——至少从外部——进行纠正。这就是喜剧比正剧更贴近现实生活的原因。正剧愈崇高，诗人愈要苦心孤诣地阐释现实，才能提炼出纯粹的悲剧性。相反，喜剧只有在其低级形式，即在滑稽剧和闹剧中，才能与现实形成鲜明对比：喜剧愈高级，就愈贴近生活。现实生活中的某些场景与高级喜剧如此接近，简直可以不加改动地将其搬上舞台。

由此可见，戏剧与生活中的性格滑稽元素一致。这些元素有哪些呢？对此，我们并不难推断。

世人常言，正是同类的轻微缺点引人发笑。显然，这一观点不无道理，但并不完全准确。首先，很难区分轻微缺点与致命缺点：或许并非因为缺点轻微才引人发笑，而是因为它引人发笑才被视为轻微，没有比笑更能令人卸下防备的了。再者，即使明知是致命缺点，我们仍会为之发笑，譬如阿巴贡的贪婪。最后，不妨承认——尽管有些勉强——我们不仅笑同类的缺点，有时还笑他们的优点，例如我们笑阿尔塞斯特。有人或许会反对说，滑稽的不是阿尔塞斯特的直率，而是直率在他身上的特殊表现形式，简言之，是某种怪癖使他在我们眼中黯然失色。我同意这种说法，但我们所笑的阿尔塞斯特的这种怪癖，着实令其直率变得可笑，这才是重点。由此可得出如下结论：滑稽并不总是道德缺点的标识，如果世人坚持把它看作缺点，哪怕是轻微缺点，就必须指出轻微与致命究竟有何不同。

严格来说，滑稽人物符合严苛的道德标准，他所缺少的是适应社会的能力。阿尔塞斯特是个彻头彻尾的老实人，但他不合群，因而显得滑稽。笑僵化的美德易，笑灵活的恶习难。只有僵化才会引起社会的怀疑。正是阿尔塞斯特僵化的直率引人发笑。任何孤僻者都不免可笑，因为滑稽在很大程度上就肇始于孤僻。这就是滑稽时常依赖于社会风俗或观念，或者更直白一点，依赖于社会偏见的原因。

然而，出于人类的利益，必须承认社会理想与道德理想之间并无本质区别。通常来讲，正是他人的缺点引人发笑——只要我们补充道，这些缺点之所以可笑，是因为它们不合群，而非因为它们不道德。那么，哪些缺点会变得滑稽，它们在何种情况下会严重到不容取笑呢？

我们已经间接地回答了这一问题。据前文所述，滑稽诉诸纯粹的智识；笑与情感水火不容。无论是何等轻微的缺点，只要激起人的同情、恐惧或怜悯，便无法引人发笑。相反，假使是病入膏肓的恶习，只要通过适当的技巧，使人的情绪不受影响，就能让它变得滑稽。我并不是说这种恶习必然会变得滑稽，而是说它可能会变得滑稽。使人无动于衷，这是唯一真正必要的条件，而非充分条件。

但滑稽诗人如何控制我们的情感呢？要想弄清这一棘手的问题，必须进行一项相当新颖的研究，分析自动代入戏剧的同情，确定在何种情况下接受与拒绝分享想象中的喜怒哀乐。世上有一门艺术能让感性沉静下来，就像被催眠那般进入梦境；还有一门艺术是在同情出现的那一刻浇灭它。如此一来，无论是何等严肃的情境，都会沦为笑谈。在后一门艺术中，滑稽诗人通常会有意无意地运用两种主要手法。第一种是将我们赋予人物的情感从其灵魂中抽离，使之成为独立存在的寄生有机体。一般而言，某种强烈的情感会相继侵入其他所有的精神状态，使之沾染独有的色彩：倘若我们亲眼看见了这种逐渐浸染的过程，我们最终也会被相应的情感所浸染。形象点说，就是当情感中的所有泛音与基音共同发声时，这种情感就具有戏剧性与感染力。正因为演员浑身颤抖，观众才会有战栗感。相反，在使人无动于衷、变得滑稽可笑的情感中，总是存在某种阻止情感与它所栖居的灵魂的其他部分建立联系的僵化。在时机成熟时，这种僵化可能会表现为可笑的提线木偶般的动作，但在此之前，它已经阻挠同情的出现：我们怎能与不合拍的灵魂合拍呢？《悭吝人》中有一幕比肩正剧的场景。借贷者和放债者素昧平生，却在这一幕中面面相觑，发现彼此竟是父子。倘若贪婪与父爱在阿巴贡的灵魂深处相互碰撞，产生某种新颖组合，那便是如假包换的正剧。但事实不然。会面刚一结束，父亲就忘得一干二净。再次见到儿子时，他将刚才严肃的场景一笔带过："至于你，吾儿，方才的事，我开恩饶你……"贪婪心不在焉地与其他情感擦肩而过，既没有触及它们，也没有被触及。虽然贪婪早已在阿巴贡的灵魂深处安家落户，成为一家之主，但它仍是陌路人。悲剧性的贪婪则截然相反，它会吸引、吸收、同化和改造人的各种力量：感受与情感、欲望与厌恶、恶习与美德，所有这些都将由贪婪为其浇灌血肉。这似乎是高级喜剧与正剧的第一个本质区别。

第二个区别要明显得多，它源于第一个区别。当我们描绘一种精神状态，旨在使之变得戏剧化或只是严肃视之时，就会逐渐引导它采取行动，以便准确地衡量它。譬如，吝啬鬼唯利是图，伪信徒阳奉阴违。当然，喜剧并不排斥这种组合，答尔丢夫的阴谋诡计便是明证。但这正是喜剧与正剧的共同点，喜剧为了有别于正剧，为了轻视严肃的行动，为了酝酿笑意，采用了一种方法，其公式如下：喜剧不是将注意力放在行为上，而是将其放在姿态上。此处所说的姿态，是指态度、动作甚至言语，精神状态借由它们无甚目的、不计得失、直抒胸臆地表现出来。如此定义的姿态与行动大有不同。首先，行动是经过深思熟虑的，或者说是有意识的；而姿态则是不经意间流露出来的，是机械性的。其次，行动是全身心的投入；而姿态则是人的某个孤立部分在不为人格所知或至少是脱离整个人格的情况下的自我表达。最后（这也是最重要的一点），行动与激发它的情感完全成正比；情感逐渐过渡到行动，如此一来，同情或厌恶就可以沿着这条绳索滑行，并逐步增强。然而，姿态具有爆发性，它能在感性即将昏睡时唤醒它，并以此来提醒我们，切勿把事情当真。因此，只要我们的注意力集中在姿态而非行为上，我们就会进入喜剧。若从答尔丢夫的行为来看，他是正剧人物；若从他的姿态来看，他便是滑稽人物。或许诸位还记得他的出场方式："洛朗，把我的苦衣和苦鞭收好了。"他知道多丽娜在偷听，但毫无疑问，即使多丽娜不在场，他亦会说同样的话。他完全融入了伪君子的角色，简直是真心实意地扮演着他。只有这样，他才能变得滑稽。倘若不是发自肺腑的真诚，倘若不是假冒为善的长期经历将态度与语言转化为自然姿态，答尔丢夫就会变得面目可憎，因为我们只会联想到其行为的本意。这便是行动在正剧中不可或缺而在喜剧中可有可无的原因。在喜剧中，人物可以出现在任何情境中：尽管情境不同，人物却始终未变。但在正剧中，人物与情境融为一体，或者说，事件与人物不可分割，因此，如果正剧讲述的是完全不同的故事，即使演员的名字保持不变，实则却是不同的人物。

总之，人物是好是坏无关紧要：只要他不合群，就会变得滑稽。现在我们看到，事情的严重性亦是如此：无论是大事还是小事，只要不为之所动，仍能引人发笑。简言之，人物的不合群与观众的无动于衷是两个基本条件。还有第三个条件，隐含在前两个条件之中，而我们迄今为止的所有分析都是为了揭示它。

第三个条件就是机械性。我们从本书开头就指出了这一点，并不断提请诸位注意：只有机械完成之事才是本质可笑之事。无论是在缺点还是在优点中，滑稽皆在于人物无意间的举动、不自觉的姿态或无意识的言语。任何心不在焉都是滑稽。心不在焉的程度愈深，滑稽性就愈强。像堂吉诃德那样有条不紊的心不在焉，是世人所能设想的最为滑稽之事：心不在焉就是滑稽本身，尽可能接近滑稽的源头。以其他滑稽人物为例：无论他如何忽视自身的言行，除非他对自身的某些方面毫无察觉或视而不见，否则他不会引人发笑。深刻的滑稽话语是恶习赤裸裸地暴露自我的天真话语：倘若恶习知晓自身的真面目，它又怎会如此暴露自我呢？滑稽人物在泛泛地谴责某种行为之后又立即以身试法，此种情况并不罕见：汝尔丹先生的哲学教师在猛烈抨击愤怒之后又暴跳如雷；瓦狄乌斯在嘲笑诗歌朗诵者之后又吟诗作对；等等。倘若不是让我们感受到人物的无意识，这些矛盾又有何意义呢？我们总能发现人物对自身的漠不关心，进而对他人的漠不关心。如果仔细观察，就会发现此处的漠不关心等同于前文所说的不合群。僵化的主要原因是忘记环顾四周，尤其是忘记审视自身：如果既不了解他人，亦不了解自身，又何谈以他人为镜塑造人格呢？僵化、机械性、心不在焉和不合群都是构成性格滑稽的密不可分的元素。

简言之，倘若我们将触发人之感性或情感的部分搁置在侧，其余部分就会变得滑稽，而滑稽性与僵化程度成正比。这是本书开头所提出的观点，其主要结果已得到验证，并已应用于喜剧的定义。现在，我们必须更深入地探讨该观点，说明它如何使我们界定喜剧在其他艺术中的确切位置。

从某种意义上说，任何性格皆滑稽——只要所谓的性格是指人身上的现成之物，是一旦上好发条就能自动运行的机械装置。可以说，性格使我们模仿自我，从而也使他人模仿我们。滑稽人物是种类型。反过来说，与类型相似的人物都具有滑稽性。尽管我们与某人相识良久，却未曾发现他身上有可笑之处：假如我们利用某种偶然的相似性，给他冠上某位著名的戏剧或小说人物的名号，那么至少有一瞬间，他在我们眼中就会近乎可笑。或许这位小说人物并不滑稽，但与他相似却极为滑稽。脱离自我是滑稽的，落入现成的类型也很滑稽，但最滑稽的莫过于自己成为他人时常落入的类型，成为僵化的人物。

高级喜剧的目的是描绘性格，即一般类型。此为老调重弹，因其足以定义喜剧，所以仍不惮重复。喜剧不仅展示一般类型，而且在我们看来，喜剧是所有艺术中唯一追求一般性的艺术。一旦我们赋予喜剧这一目标，何为喜剧、其他艺术缘何不能成为喜剧便一目了然。要证明这就是喜剧的本质，以及喜剧在此方面与悲剧、正剧和其他艺术形式相对立，就必须先定义艺术的高级形式，然后逐渐深入到处于艺术与生活边缘的、因其一般性而与其他艺术形成鲜明对比的滑稽诗歌。我们无法在此进行如此广泛的研究，但必须勾勒其主要轮廓，以免忽略我们所认为的滑稽剧的要点。

何为艺术的目标？假如现实能够直接冲击我们的感官与意识，假如我们能够直接与事物或自身进行交流，那么艺术将无甚用处，或者说，我们都将成为艺术家，因为我们的灵魂将与自然同频共振。我们的眼睛将在记忆的帮助下，在空间中雕刻出无与伦比的画作，并在时间中固定下来。我们的目光将捕捉到雕刻在栩栩如生的人体大理石上的雕像碎片，如同古代雕像那般美丽。我们将听到内在生命不间断的旋律回荡在灵魂深处，如同时而欢快、时而哀伤、时而新颖的音乐。这一切都存在我们周围和内心深处，但我们却无从察觉。在自然与我们之间，不，在我们与自我意识之间，隔着一层纱：这层纱对于普通人而言密不透风，对于艺术家和诗人而言却薄如蝉翼。究竟是哪位仙女编织了这层纱呢？是出于恶意还是友善？我们必须生活，而生活要求我们根据自身需求来把握事物。生活就是行动。生活就是只接受事物的实用印象，以便做出适当的反应；其他印象则必须被淡化或虚化。我看，我自以为看到了；我听，我自以为听到了；我审视自我，我自以为读懂了内心。然而，我对外部世界的所见所闻，无非是我的感官所做的选择，用以照亮我的行为；我对自身的了解，无非是浮于表面、参与行动之物。因此，我的感官与意识带给我的只是对现实的实用简化。在它们为我提供的关于事物与我自身的视野中，对人类无用的差异被抹去，对人类有用的相似性被强调，而我的行动将沿着事先为我规划好的道路前进。这些道路就是全人类在我之前走过的道路。我对事物进行分类，以期加以利用。我对这种分类的感知，远比对事物的颜色与形式的感知更为清晰。毫无疑问，人类在这方面远超于动物。狼的眼睛不太可能区分山羊和绵羊，它们在狼眼中都是猎物，同样易于捕获，同样适于吞食。虽然我们能区分山羊和绵羊，但我们能区分这只山羊和那只山羊，这只绵羊和那只绵羊吗？当事物或生命的个性对我们来说无甚实用时，我们就会忽视它。即使我们注意到个性（比如区分这个人和那个人），眼睛所捕捉到的亦非个性本身，即某种形式与色彩的原始和谐，而只是一两个便于实际辨认的特征。

总之，我们看不到事物本身，至多只能阅读贴在事物表面的标签。这种因需求而产生的倾向在语言的影响下变得愈加明显。因为词语（专有名词除外）都表示属概念。词语只记录事物最普遍的功能和最常见的外观，它介于事物与我们之间。如果事物的形式尚未隐藏在创造词语本身的需求背后，它就会从我们眼前消失。不仅是外物，甚至是我们自身的精神状态，也会隐藏其内在、个人和原初的体验。当我们感到爱或恨时，当我们感到快乐或悲伤时，难道真的是情感本身带着无数稍纵即逝的意义和深刻的共鸣直达我们的意识，使之全然属于我们吗？倘若果真如此，我们都将成为小说家、诗人或音乐家。但在大多数情况下，我们只能看到精神状态的外化，只能捕捉到情感的非个人性，即语言能够一劳永逸地记录的方面，因为在同等条件下，所有人都大抵相同。因此，即使是我们自身的个性，亦超出我们的理解范围。我们游走于一般性与符号之间，仿佛我们的力量与其他力量在角斗场中进行着有效的抗衡；我们被行动所吸引、所诱惑，出于自身的利益而进入行动所选择的场域，我们生活在事物与我们自身之间的中间地带，既外在于事物，亦外在于我们自身。然而，自然会在不经意间孕育出超脱生命的灵魂。这种超脱不是深思熟虑、有理有据、有条不紊的超脱——那是反思与哲学的产物——而是自然的超脱，是感官或意识结构中与生俱来的，以视觉、听觉或思维方式即刻展现出来的超脱。倘若这是彻底的超脱，倘若灵魂不再通过任何感知而依附于行动，那么它将成为世界上前所未有的艺术家的灵魂。它将同时精通所有艺术，或者说，它将所有艺术融为一体。它将感知万事万物的本相，无论是物质世界的形式、色彩和声音，还是内心世界最微妙的运动。但这对自然的要求实在过高。即使对于自然造就的艺术家来说，自然也只是无意间揭开了面纱一角。它只是在某个方向上忘记将感知与需求相联系。由于每个方向都与所谓的感官相对应，因此艺术家的禀赋通常源于某种感官，并且仅源于这种感官。这便是艺术多样性的根源，亦是天赋异禀的根源。有人对色彩与形式情有独钟，因其爱色彩而爱色彩，爱形式而爱形式；因其为感知色彩与形式而非为自身而感知色彩与形式。所以他通过事物的形式与色彩看到的是事物的内在生命，并逐渐将之融入起初不以为然的感知中。至少有一刻，他会使我们摆脱阻隔在视觉与现实之间的对形式与色彩的偏见，从而实现艺术的最高理想，即向我们揭示自然。其他人则退居幕后。在将情感外化的千姿百态的行动之中，在既揭示又掩盖个体精神状态的通俗而社会化的词语背后，他们所寻求的是情感，是简单而纯粹的精神状态。为了诱导我们做出同样的努力，他们设法让我们看到他们所见之物：词语通过有节奏的排列组合，焕发出原始的生命力。他们告诉我们，或者更确切地说，他们暗示我们语言无法表达之物。还有人寻幽入微，在勉强可以用语言表达的喜怒哀乐之下，捕捉到与语言无甚相干之物，即某些比人的内在情感更贴近生命与呼吸的节奏，某些因人而异，决定人的热情与绝望、希望与遗憾的活法则。通过释放与强调这种音乐，他们迫使我们关注它，不由自主地融入其中，就像路人加入舞会那般；他们亦会撩拨我们内心深处某些等待共振的和弦。因此，无论是绘画、雕塑、诗歌还是音乐，艺术的目的无非是抛开实用的符号、传统和社会的固有观念，总之是抛开一切掩盖现实之物，让我们直面现实本身。艺术中的现实主义与理想主义之争，正是源于对这一点的误解。艺术无疑只是对现实的更为直观的看法，但这种纯粹的感知意味着与功利主义传统的决裂，意味着特定感官或意识与生俱来的无私性，意味着生命的某种非物质性，亦即所谓的理想主义。因此，可以毫不夸张地说，当理想主义存在于灵魂之中时，现实主义就存在于作品之中，只有凭借理想主义，我们才能重新接触现实。

戏剧亦不例外。正剧所探寻和揭示的，是时常出于我们自身的利益而被生活的需求所掩盖的深刻现实。这一现实为何？生活的需求为何？任何诗歌都表达心境。但在这些心境中，有些主要来自人与同类的接触。它们是最强烈亦最猛烈的情感。就像电荷在电容器的两极之间积聚并产生火花，人类的接触会产生强烈的相吸与相斥并彻底打破平衡，这种灵魂的通电就是所谓的激情。如果人类任由情感摆布，如果没有社会和道德法则，那么激情的爆发就会成为生活的常态。但功利性要求避免这些爆发。人类必须生活在社会中，因此必须遵守规则。利益的建议就是理性的命令；责任的召唤就是人类的服从。在这种双重影响下，人类被迫形成了一层趋于永恒、旨在为所有人共有的外在情感与观念，当它们不足以扑灭个体激情的内在火焰时，便会掩盖它。人类在日益平和的社会生活中缓步前行，逐渐巩固这层情感与观念，如同地球经过漫长的努力，用冰冷而坚固的地壳覆盖沸腾的金属块。但火山爆发时有发生。倘若地球像神话所述那般具有生命，它或许会在休憩时梦想着那些突然的爆发，从而骤然恢复最深沉的自我。这就是正剧带给我们的乐趣。在社会与理性为我们构建的波澜不惊的生活之下，正剧激起了我们内心的某种所幸不会爆发之物，但它让我们感受到其内在的张力。它是自然对社会的报复。有时它单刀直入，从内心深处唤起人的激情，形成山呼海啸之势。有时它旁敲侧击，就像当代剧那般，以忽而诡辩的技巧揭示出社会自身的矛盾；它夸大社会法则中的人为因素，以迂回之术消解外壳，将我们带回内核。但在这两种情况下，无论是弱化社会还是强化自然，其目标一致，都是为了揭示我们自身的隐藏部分，亦即性格中的悲剧元素。这确是一部激动人心的正剧留给我们的印象。我们感兴趣的与其说是他人告诉我们之事，毋宁说是我们自己瞥见的一个由模糊不清的事物组成的、本欲存在但所幸没有存在的混乱世界。我们的内心似乎也在召唤属于遥远过去的原始记忆，它们对于现在的生活是如此深刻、如此陌生，以至于现在的生活在某些时刻显得虚幻和传统，必须为此重新学习。正剧是在丰功厚利之下寻求更深刻的现实，这与其他艺术不谋而同。

由此可见，艺术总是以个体为目标。画家在画布上所定格的是他在某日某时某地看到的、永远无法重现之景；诗人所吟唱的是曾独属于他的、永远无法重来之境；剧作家向我们展现的是灵魂的生命史，是情感与事件的交织，是曾经发生过、永远不会重演之事。我们无法笼统地命名这些情感，因其在其他灵魂中不尽相同。它们是个体化的，因而属于艺术；一般性、符号甚至类型则司空见惯。那么，对这一点的误解从何而来呢？

原因在于我们混淆了两种截然不同之物：事物的普遍性和我们对事物的普遍看法。我们普遍认为某种情感具有真实性，并不意味着这种情感具有普遍性。

此处不得不提及哈姆雷特这位人物。尽管他在某些方面与他人相似，但那并不是最吸引我们之处。我们普遍接受他，普遍将他视为鲜活的人物，只有在这个意义上，他才具有普遍的真实性。其他艺术品亦是如此，每件艺术品皆举世无二，但如果它带有天才的印记，最终就会被所有人接受。为何会被接受呢？如果它在同类艺术品中独一无二，那又如何证明其真实性呢？显然，我们之所以承认其真实性，是因为它引导我们真诚地看待事物。真诚具有感染力。艺术家所看到的，我们可能永远不会再看到，至少不会以完全相同的方式看到；但如果他真的看到了，他为揭开面纱所做的努力就会引导我们纷纷效仿。他的作品是我们学习的榜样，而效仿的有效性正是衡量作品真实性的标准。因此，真实性本身就具有说服他人、乃至改变他人之力，此乃辨认真实性之标识。作品愈伟大，所揭示的真实性愈深刻，产生的影响愈深远，普遍性也就愈强。在此，普遍性取决于产生的效果，而非原因。

喜剧的目标则完全不同。此处的普遍性在于作品本身。喜剧描绘的是我们曾经见过并将再次见到的性格。喜剧指出相似之处。喜剧的目的是将各种性格类型展现在我们眼前。如有必要，它甚至会创作新类型。喜剧与其他艺术的区别就在于此。

伟大喜剧的标题本身就意义非凡。《愤世者》《悭吝人》《赌徒》《马虎鬼》等都是类型名称；即使是以专有名词作为标题的性格喜剧，因其内容的重要性，该专有名词亦会很快被普通名词所替代。我们会说"一位答尔丢夫"，但不会说"一位费德尔"或"一位波利耶克特"①。

----

① 答尔丢夫是莫里哀创作的喜剧人物，而费德尔和波利耶克特分别是由拉辛和高乃依创作的悲剧人物。作为专有名词出现的喜剧人物可以转用为普通名词，而悲剧人物则不然。

最重要的是，悲剧诗人绝不会在主要人物周围安排作为其简化版的次要人物。悲剧主人公是独一无二的个体。我们可以模仿他，但此举就意味着有意无意地从悲剧走向喜剧。没有人像他，因为他不像任何人。相反，滑稽诗人具有非凡的本能，他会在核心人物周围塑造其他具有相同性格特征的人物。许多喜剧标题都是复数名词或集合名词，譬如《女学究》《可笑的女才子》《无聊的世界》等，都是由不同人物在舞台上再现同一基本类型。分析喜剧中的这种倾向是饶有趣味之事。或许，剧作家们从中窥见了由精神病理学家提出的事实，即同一类型的精神错乱者会受到神秘吸引力的驱使而互相寻找彼此。但这并不完全属于医学范畴，据前文所述，滑稽人物通常是心不在焉之人，而心不在焉可以悄无声息地发展成精神错乱。不过，还有另一个原因。如果滑稽诗人的目的是向我们展示类型，即能够如法炮制的性格，那还有比向我们展示同一类型的不同例证更好的做法吗？博物学家在研究物种时也常使用这种方法，列举并描述物种的主要变种。

悲剧关注个体而喜剧关注类型，这一本质区别还体现在作品的初步构思中，从一开始就表现为两种截然不同的观察方法。

尽管这种说法看似矛盾，但我们认为悲剧诗人无需观察他人。我们发现，许多伟大的诗人都过着离群索居、采菊篱下的生活，未曾目睹他们所描述的激情的释放。不过，即使他们目睹了这番场景，亦会质疑它的作用。事实上，我们的兴趣是窥探诗作中某些深刻的情绪或内心的挣扎，但此举无法从外部实现。灵魂无法相互渗透。我们只能从外部感知某些激情的标识，只能通过类比亲身经历——而且是不甚完美地——解释它们。因此，我们的感受才是重点，只有看透自我，才能洞达事理。这是否意味着诗人经历过他所描述之事，经历过笔下人物之境遇，体验过他们的内心世界呢？诗人的生平往往又与此相悖。况且，麦克白、奥赛罗、哈姆雷特、李尔王和其他许多人物怎么可能是同一个人呢？不过，或许应该在此区分人所拥有的性格和人可能拥有的性格。性格是不断变化选择的结果。在我们的人生道路上，到处都是——至少是明显的——岔路口，我们会看到许多可能的方向，但却只能沿着一个方向走下去。循着脚下之路，沿着若隐若现的方向走到底，这似乎正是诗歌想象之本质。当然，莎士比亚既不是麦克白，也不是哈姆雷特，更不是奥赛罗；尽管如此，倘若处境与意愿使其内在的冲动转化为爆裂的行动，那么他就有可能成为上述人物。如果认为诗歌想象是用东拼西凑的片段来塑造主人公，就像缝制小丑杂装那般，那便是对诗歌想象之作用的奇怪误解，况且，这种做法不会产生任何生命体。生命无法被拼凑，它只能被观察。诗歌想象无非是对现实更全面的观察。如果说诗人笔下的人物给我们留下生命的印象，那是因为他们就是诗人本身，抑或是诗人的分身。诗人以如此强大的内在观察力探寻自身，从而在现实中把握虚幻，并将自然留在他身上的轮廓或草图加以利用，使之成为完整的作品。

喜剧的观察方式则截然不同，它是一种外部的观察。无论滑稽诗人对人性的可笑之处何等好奇，我想他都不会去发掘自身的可笑之处。况且，他也找不到：除非我们的意识隐藏着某些可笑之处，否则我们不会显得可笑。有鉴于此，喜剧观察必须在他人身上进行。但也正因如此，观察他人会呈现出观察自我时所不具有的普遍性。因为，喜剧观察只浮于表面，只停留在人与人相互接触并产生相似之处，它不会再深入。即使可以，它也不愿这样做，因为这对它来说无甚好处。过于深入性格，将外在效果与深层原因相结合，就会危及并最终牺牲效果的可笑之处。为了引人发笑，就必须把原因定位在灵魂的中间区域。因此，效果至多是一种平均值，代表人类的平均水平。它和所有平均值一样，通过汇集分散数据、比较相似案例、提取其本质而获得，类似于物理学家通过抽象与概括的方式从事实中归纳出规律的过程。简言之，喜剧的观察方式与目标和归纳科学法的性质相同，即观察从外部进行，结果具有普遍性。

我们绕了一大圈，又回到了在研究过程中得出的这两个结论。一方面，只有某种类似于心不在焉的倾向，某种寄生在人身上却不与人融为一体之物，才会使人变得可笑：这就是此种倾向可以从外部观察到并得以纠正的原因；但另一方面，由于笑的目的是纠正，所以笑应该尽可能地纠正更多的人：这就是喜剧观察本能地从普遍性出发的原因。它选择的是那些可被复制的、因而并非与人之个性不可分割的特殊性，亦可说是共有的特殊性。喜剧将它们搬上舞台，创作出无疑属于艺术的作品，因其有意识地以取悦于人为目的，但又因其普遍性以及不自觉的纠正与教导意图，而与其他艺术作品形成鲜明对比。我们完全有理由说，喜剧介于艺术与生活之间。它不像纯艺术那般超然物外。通过酝酿笑意，喜剧将社会生活作为其自然环境，甚至服膺于社会生活的冲动。在这一点上，它与艺术背道而驰，因为艺术是与社会决裂，回归纯粹的自然。

二

现在，让我们根据前文所述，看看应如何塑造一种本身、来源及其所有表现形式均具有滑稽性的理想性格。它必须根深蒂固，以便为喜剧提供持久的素材，但又必须浅显易懂，以便保持喜剧的基调；对拥有这种性格之人来说，它是无形的，因为滑稽是无意识的，但对其他人来说，它又是有形的，轻而易举便能引起普遍的笑声；它对自己极为宽容，可以毫无顾忌地展现自我，但又对他人造成困扰，引得他人毫无怜悯地压制它；它必须能立即纠正，笑它并非徒劳，但它必须以新面貌重生，毕竟，笑总能有所作为；它必须与社会生活密不可分，尽管社会难以容忍它；最后，它必须呈现出各种可能的形式，与所有恶习甚至若干美德相结合。这样看来，它要融合的元素着实不少！而承担这种配制工作的灵魂化学家在倒出曲颈甑中的物质时，可能会略感失望，因为他会发现自己费尽周折才配制出一种现成的、予取予求的混合物，就像遍布自然的空气那般散布于人类之中。

这种混合物就是虚荣心。再没有比它更肤浅也更深刻的缺点了。世人对它造成的创伤从来都不算严重，但创伤却不愿愈合。世人为虚荣心所效的犬马之劳虚幻至极，但却令它感激涕零。虚荣心本身不算是一种恶习，但一切恶习皆因它而起，并且恶习愈深，愈容易成为满足虚荣心的手段。虚荣心是社会生活的产物，因为它是基于想象中的他人欣赏而产生的自我欣赏，所以它是比自私更自然、更普遍的先天缺点；因为自私时常被自然所征服，而虚荣心只有通过反思才能克服。事实上，世人并非天生谦虚，除非我们把某种纯粹的羞怯称为谦虚，而这种羞怯实则更接近于骄傲。真正的谦虚只能是对虚荣心的沉思。谦虚是看到他人的错误，害怕自己重蹈覆辙；谦虚是对自身言行与他人看法的审慎处理；谦虚是修正与完善的产物。简言之，谦虚是一种后天形成的美德。

其实，很难言明渴望变得谦虚与害怕变得可笑分道扬镳的确切时刻。但这种恐惧与关切无疑同根同源。对虚荣心的幻想和与之相关的可笑进行全面的研究，将为笑的理论提供独特的见解。我们将看到，笑有规律地发挥其主要功能之一，即让心不在焉的自尊心充分意识到自我，从而使性格获得最大程度的社交性。我们亦将看到，虚荣心虽是社会生活的自然产物，但却阻碍着社会的发展，就像人类机体不断分泌的某些轻微毒素，倘若不被其他分泌物所中和，长此以往就会毒害机体。笑就是不断在起中和作用。从这个意义上说，笑是治疗虚荣心的特效药，而虚荣心本质上是可笑的缺点。

我们曾在论述形式与动作滑稽时指出，任何本身可笑的简单形象，都能够渗透到其他更复杂的形象中，并赋予它们滑稽特质：因此，最高形式的滑稽有时可以用最低形式的滑稽来解释。但相反的情况或许更常见，有些极为粗俗的滑稽效果是由极为精妙的滑稽降格所致。譬如虚荣心，这种滑稽的高级形式是我们在人类活动的所有表现形式中无意识地、细致地寻找的元素。我们寻找它，只是为了笑它。我们的想象力时常把它放在不属于它的地方。或许，真应该把心理学家未能通过对比来充分解释的某些粗俗的滑稽效果归因于此：矮个子弯腰穿过高门；高个子和矮个子严肃地挽着胳膊走在路上；等等。仔细观察后一幅画面，就会发现，矮个子似乎想拉伸成高个子，正如青蛙想变得力大如牛。

三

　　此处无法详细列举与虚荣心相结合或与之竞争，从而引起滑稽诗人注意的性格特点。我们已经说明，任何缺点都会变得可笑，甚至某些优点也不例外。即使将已知的滑稽特质罗列成册，喜剧仍会设法增添新内容，不是创造纯粹幻想的滑稽特质，而是厘清迄今为止尚未被注意到的滑稽方向：如此一来，想象力就可以在同一张挂毯的复杂图案中不断找出新颖的图案。我们知道，滑稽的基本条件是，所观察到的特点必须立即表现为可供许多人融入其中的类别。

然而，社会本身就有现成的类别。由于社会建立在分工的基础之上，因此这些类别对社会来说至关重要。我指的是行业、职能和职业。任何特定职业都会赋予从业者一定的思维习惯与性格特点，既使他们彼此相似，亦使他们有别于他人。小社会就这样脱胎于大社会。毫无疑问，小社会是整个社会组织的产物。不过，如果小社会过于孤立，就有可能破坏社交性。而笑恰好具有抑制分离倾向的功能，它旨在变僵化为灵活，使个体重新适应整体，简言之就是把棱角磨平。在此，我们发现了一种可以事先确定其变体的滑稽，姑且称之为职业滑稽。

与其详述这些变体，毋宁强调它们的共同点。首先是职业虚荣心。汝尔丹先生的每位老师都对其所在行业推崇备至。拉比什戏剧中的某位人物不明白除了做木材商还能做什么。当然，他本身就是木材商。随着所在行业变得鱼龙混杂，职业虚荣心也会变得庄严。值得注意的是，某门行业愈备受质疑，从业者就愈深信自己肩负神职，并要求他人对该行业奥秘顶礼膜拜。有用的职业显然为公众服务，但那些用处可疑的职业只能通过假定公众为他们服务来证明其存在的合理性：这种幻觉正是庄严的根源。莫里哀笔下医生的滑稽性大抵来源于此。他们把病人视作为医生而生，而自然本身则是医学的附属品。

这种滑稽僵化的另一种表现形式就是所谓的职业麻木。滑稽人物严丝合缝地嵌入其职能的僵硬框架，以至于他既无腾挪的余地，亦无法共情他人。当伊莎贝尔问法官佩林·唐丹，他怎么能忍心目睹那些可怜虫受刑时，法官回答道："哦！消磨一两个小时未尝不可！"答尔丢夫同样借奥尔贡之口表现出职业麻木："我可以看着兄弟、儿女、母亲和妻子死去，全然不在乎！"

然而，使职业变得滑稽的最常用方法，就是将其限制在行话中。法官、医生和士兵分别用法律、医学和战略术语来处理日常事务，仿佛他们已经无法像普通人那样说话。通常来讲，这种滑稽相当粗俗。但正如前文所言，如果它能同时揭示出性格特点与职业习惯，就会变得更加高雅。我们且以勒尼亚尔笔下的赌徒为例，他用独具匠心的赌博术语，给自己的贴身男仆取名赫克托，并称呼自己的未婚妻为帕拉斯，而帕拉斯正是黑桃皇后的名字；还有莫里哀笔下的女学究们，其滑稽性主要在于她们将科学思想转化为女性情感术语："我喜欢伊壁鸠鲁……""我喜欢旋涡说"等。只消重读第三幕，就会发现阿尔芒德、菲拉曼特和贝莉丝经常使用这种风格表达自我。

　　沿着同一方向走下去，就会发现还有一种职业逻辑，即某些圈层惯用的推理方式。这些推理方式对这些圈层有效，但对其他圈层则不然。不过，这两种逻辑——特殊逻辑与普遍逻辑——之间的对比产生了某些具有特殊性质的滑稽效果，对此不妨详述一二。这是笑的理论中的一个要点。我们将扩大这一问题的范围，对其进行全面的思考。

尽管我们专注于挖掘滑稽的深层原因，但我们至今都忽略了它最引人注目的表现形式之一。我们指的是滑稽人物和滑稽群体所特有的逻辑，这种奇特的逻辑在某些情况下会指向荒诞。

泰奥菲尔·戈蒂耶曾说过，极端的滑稽就是荒诞的逻辑。许多笑的哲学都持类似的观点。任何滑稽效果在某些方面都隐含着矛盾。引人发笑的是以具体形式实现的荒诞，是"明显的荒诞"；或是先被承认后又立即被纠正的荒诞的表象；或是从某个角度来看是荒诞，但换个角度却可以是自然的解释；等等。所有这些理论都不无道理；但首先，它们仅适用于某些相当明显的滑稽效果；其次，即使在适用的情况下，它们似乎也忽视了滑稽的特征元素，即当滑稽包含荒诞时，它所包含的是特定类型的荒诞。若想证明这一点，只消选择其中一条定义，再按照其公式制造效果——通常，我们都不会得到滑稽效果。因此，滑稽中的荒诞并非普通的荒诞，而是特定的荒诞。它并不创造滑稽，而是滑稽的衍生。它不是因，而是果——一种极为特殊的、反映其因之特殊性质的果。我们知晓因为何，因而就不难理解其果了。

假设有一天，当你在乡间散步时，远远看见山顶上有个挥动着手臂的庞然大物。你还不知道它是什么，但你开始在想法中——也就是在你拥有的记忆中搜寻最契合你所看到的物体的记忆。风车的形象即刻映入脑海：你眼前的物体就是风车。即使你在出门之前刚读过长臂巨人的童话故事也无碍。常识知道如何铭记，但它更知道如何遗忘。常识是头脑在改变对象时不断自我调整并改变想法的努力。它是与事物的流动性同步变化的智识的流动性，它是我们对生活的关注的连续性。

现在，该堂吉诃德出场了。他在小说中读过骑士在途中遇到巨型敌人的故事。因此，他需要遇到一个巨人。关于巨人的想法是盘踞在他脑海中的特殊记忆：它虎视眈眈，按兵不动，随时准备大显身手，幻化成形。这一记忆想要具象化，哪怕第一个出现的物体只与巨人有几分相似，也会被赋予巨人的形象。堂吉诃德看到的是巨人，而我们看到的是风车。这既滑稽又荒诞。但这是普通的荒诞吗？

这是极为特殊的常识颠倒。它试图根据自身想法来塑造事物，而非根据事物来塑造自身想法；它试图看到所思之物，而非思考所视之物。常识让所有记忆都各安其位，从而使适当的记忆随时响应当时情况的召唤，并且只用于解释。在堂吉诃德身上则恰恰相反，一组记忆统领着其他记忆，并支配着人物本身：这一次，现实不得不屈从于想象，并且只为想象提供实体。幻觉一旦形成，堂吉诃德就会顺理成章地推演出一切后果；他像梦游者那般笃定而精准地穿梭其中。这就是堂吉诃德妄想的根源，亦是支配荒诞的特殊逻辑。那么，这种逻辑是堂吉诃德独有的吗？

我们在前文已经说明，滑稽人物由于思想或性格上的固执、心不在焉或机械性而犯错。滑稽的根源在于某种僵化，它使人一意孤行，闭目塞听。莫里哀戏剧中的无数滑稽场景均可归为这一简单类型：一位固执己见的人物，尽管总是被打断，但总是坚持己见。从充耳不闻到目不视之，再到只看到想看之物，这种转变似乎在不知不觉中发生。冥顽不化的头脑最终会使事物屈从于自身想法，而非根据事物来调整自身想法。因此，每位滑稽人物都走在方才描述的幻觉之路上，而堂吉诃德为我们提供了滑稽荒诞的一般类型。

这种常识颠倒有名称吗？我们会在某些形式的精神错乱中遇到类似急性或慢性的情况。它在很多方面都类似于固定观念。但无论是精神错乱还是固定观念，都不会引人发笑，因为它们是疾病，会激起人的怜悯。我们知道，笑与情感水火不容。倘若某种精神错乱引人发笑，那它只能是与心理健康相容的精神错乱，抑或是正常的精神错乱。然而，还有一种在各方面都类似于精神错乱的正常精神状态，我们能够从中发现与精神错乱相同的思想联想，以及与固定观念相同的奇特逻辑。这种精神状态就是梦。倘若我们的分析无误，那么定理可表述如下：滑稽荒诞与梦的荒诞性质相同。

首先，智识在梦中的运动正如前文所述。自恋的精神在外部世界中寻找的不过是使想象具体化的借口。声音依旧入耳，色彩依旧入眼：总之，感官并没有完全封闭。然而，做梦者不再诉诸全部记忆来解释他所感知之物，而是利用他所感知之物来赋予他所钟爱的记忆以实体：同样是风吹过烟囱的声音，由于做梦者的心境或占据想象的想法不同，就会变成野兽的嚎叫或悠扬的歌声。这就是梦中幻觉的常规机制。

但是，如果滑稽的幻觉就是梦的幻觉，如果滑稽的逻辑就是梦的逻辑，那么，我们就可以期望在滑稽的逻辑中找到梦的逻辑的各种特点。在此，我们熟知的规律将再次得到验证：给定一种滑稽形式，其他缺乏相同滑稽特质的形式也会因为与之外表相似而变得可笑。事实上，不难看出，任何精神游戏只要能以某种方式让人联想到梦中的游戏，都能给我们带来乐趣。

首先，需要注意推理规则的普遍放宽。我们所笑的推理是那些我们明知是假，但如果在梦中听到，就会信以为真的推理。这些以假乱真的推理足以欺骗沉睡的精神。它们仍然具有逻辑性，但却是不甚周密的逻辑，因而减轻了智识的努力。许多"俏皮话"都是这种只有前提与结论的简短推理。当想法之间的关系变得愈发肤浅时，这些精神游戏就会演变成文字游戏：渐渐地，我们不再考虑所听到的词语的含义，而只考虑它们的声音。在某些滑稽场景中，某位人物有条不紊地重复他人附耳低语的内容，这难道不与梦相似吗？如果你在周围人的谈话声中似睡非睡，有时你会发现他们的话语逐渐变得空洞，声音变得扭曲，杂乱无章地在你的脑海中重组，形成奇怪的含义，你和说话者之间就重现了小让重复苏弗勒话语的场景。

痴迷于滑稽与痴迷于梦极为相似。谁不曾有过这样的经历：看到同一个形象连续出现在几个梦中，并且在每个梦中都有合理的含义，而这些梦却没有其他共同点。重复效果有时会在戏剧或小说中呈现出这种特殊形式：其中一些具有梦中的共鸣。许多歌曲的副歌亦是如此：它重复出现在每一节的末尾，但每次都有不同的含义。

我们时常会在梦中观察到某种特殊的高潮迭起，这种奇异效果会随着梦的发展而变得愈发明显。理性做出的第一次让步会导致第二次让步，而第二次让步又会导致下一次更严重的让步，如此循环往复，直至到达荒诞的顶峰。但这种向荒诞的迈进给做梦者带来一种奇特的感觉，如同酒鬼飘飘欲仙于某种逻辑或礼仪皆抛诸脑后的状态。莫里哀的某些喜剧也会给人同样的感觉：比如《德·浦尔叟雅克先生》，开头合情合理，后续却荒诞不经；再比如《贵人迷》，随着剧情发展，人物似乎都被卷入了疯狂的旋涡。"要是世上还能找出比他更疯之人，那可真是天下奇闻"：这句话提醒我们，这出戏已落下帷幕，它将我们连同汝尔丹先生一起从愈加荒诞的梦中唤醒。

但梦中有一种特有的疯狂。有些特殊的矛盾对于做梦者的想象来说是如此自然，对于清醒者的理性来说又是如此荒诞，以至于没有经历过这些矛盾之人根本无法准确而全面地认识它们。此处指的是梦中时常发生的两个人合而为一却又各不相同的奇怪融合。通常，其中之一就是做梦者本人。他觉得自己并未停止做自己，但却变成了另一个人。他是他自己，又不是他自己。他听到自己说话、看到自己行动，但却觉得是另一个人借用了他的身体，偷走了他的声音。抑或是他意识到自己言行如常，但却把自己看作是与他无甚共同之处的陌生人；他已经脱离了他自己。难道我们没有在某些滑稽场景中发现这种奇特的混乱吗？我说的不是《安菲特律翁》，虽然这出戏会给观众带来混乱的暗示，但其滑稽效果更多地来自前文所说的"系列事件的相互干扰"。我说的是荒诞而滑稽的推理，需要经过思考才能发现其中纯粹的混乱。不妨听听马克·吐温对来访记者的回答：

记者：你有兄弟吗？

马克·吐温：有，我们叫他比尔。可怜的比尔！

记者：他死了吗？

马克·吐温：我们也说不清楚。这件事笼罩着巨大的谜团。死者与我是双胞胎，在我们两周大的时候，我们在同一个浴缸里洗澡。其中一个淹死了，但我们不知道是谁。有人认为是比尔，也有人认为是我。

记者：真奇怪。那您怎么看？

马克·吐温：听着，我要告诉你一个秘密，我还没有向任何人透露过。我们当中有一个人有特殊的标记——他的左手背上有颗巨大的痣：那就是我。而那个孩子就是被淹死的孩子……

仔细观察就会发现，这段对话的荒诞绝非普通的荒诞。如果说话者本人不是故事中的双胞胎之一，荒诞就会消失。荒诞之处在于，马克·吐温声称自己是这对双胞胎中的一个，而他却以旁观者的姿态讲述这对双胞胎的故事。我们在许多梦中都采用了相同的做法。

五

从最后这个角度来看，滑稽的表现形式与我们之前赋予它的形式略有不同。迄今为止，我们一直认为笑是一种纠正手段。如果从滑稽效果的连续性出发，将主要类型分离出来，就会发现中间的滑稽效果都是因为与主要类型相似而具有滑稽性，而这些类型本身就是对社会无礼的典型。社会用笑作为更强烈的无礼来回应这些无礼。因此，笑并无善意可言，它更倾向于以恶报恶。

但这并不是我们对滑稽的第一印象。滑稽人物通常是我们在物质上同情的对象。换言之，我们会短暂地站在他的立场上，采用他的姿态、言语和行动，如果我们被他身上的可笑之处逗乐了，就会在想象中邀请他与我们同乐：我们首先把他当作同伴。因此，笑至少带有亲和友善的外表，我们不应忽视这一点。最重要的是，笑时常伴有放松的动作，我们经常注意到这一点，必须找出其原因。这种印象在最后几个例证中尤为明显，我们可以从中找到解释。

当滑稽人物机械性地固执己见时，他最终会像在做梦一样思考、说话和行动。然而，梦是一种放松。要与事物和他人保持联系，只看到存在之物，只思考一致之事，就需要持续的智识张力。这种努力就是常识。而保持常识就是保持工作。但是，脱离事物而继续感知形象，打破逻辑而继续串联思想，这就是纯粹的游戏，或者说是怠惰。因此，滑稽荒诞给我们的第一印象就是一场精神游戏。我们的第一反应就是加入这场游戏，从而缓解思考的疲劳。

其他形式的滑稽也不例外。我们曾经说过，滑稽的本质总是倾向于滑过阻力最小的斜坡，即习惯之坡。滑稽人物不再试图调整和重新适应他所处的社会。他放松了对生活应有的关注。他多少有点像心不在焉之人。我承认，这是意志的心不在焉，并不亚于智识的心不在焉。然而，这种心不在焉仍会导致怠惰。他会像之前打破逻辑那般打破礼仪。最后，他摆出一副玩乐的姿态。在此，我们的第一反应还是接受怠惰的邀约。至少有一刻，我们加入了这场游戏，从而缓解生活的重负。

但我们只能休憩片刻。能够进入滑稽印象的同情是稍纵即逝的同情。它也源于心不在焉。就像一位严厉的父亲有时会忘我地参与到孩子的恶作剧中，但又会随即回过神来加以制止。

笑首先是一种纠正。笑具有羞辱性，它必须给所笑之人留下痛苦的印象。社会用笑来报复我们对它采取的恣意行为。如果笑带有同情或善意的印记，便无法达成其目的。

有人会说，笑的初衷至少是好的，抑或爱之深责之切，抑或通过抑制某些缺点的外在表现，从而使所笑之人改过迁善。

诸如此类的论调不胜枚举。总体而言，笑无疑发挥着有益的作用。我们的所有分析都旨在证明这一点。但这并不意味着笑总能切中要害，也并不意味着笑总是出于善意甚至公正。

要确保笑总能切中要害，就必须经过深思熟虑。然而，笑不过是自然或社会生活的积习镶嵌在我们体内的机械装置所产生的效果。它自行其是，以牙还牙。它无暇顾及自身的影响。笑惩罚某些缺点的方式与疾病惩罚某些过激行为的方式大抵相同，都是敲打无辜者、宽恕有罪者，旨在达到整体效果，而非单独处理具体案例。凡是通过自然方式而非通过有意识的思考来完成之事皆是如此。整体结果可能呈现出一定的公正，但在具体案例中则不然。

从这个意义上说，笑并非绝对公正，亦并非出于善意。笑的功能是通过羞辱来恐吓他人。倘若自然不是为此目的而在杰出者身上播撒恶意，或者至少是播撒狡黠，那么笑便不会奏效。或许，我们最好不要深究这一点，因为这并非值得夸耀之事。我们会发现，放松或夸张的动作只是笑的前奏，笑者会立刻回归自我，甚至难免扬扬自得，并将他人视作手中的提线木偶。我们很快就能在这种自负中窥见某种程度的自私，以及潜藏在自私背后的某种非自发的、更苦涩的悲观主义雏形，随着笑者深入分析笑，这种悲观主义会变得愈发明显。

在此处如同在彼处，自然以恶为善。在整个研究过程中，我们始终关注的是善。在我们看来，社会愈完善，社会成员的适应性就愈强；社会内部愈趋于稳定，社会表面就愈会浮动着数量庞大的密不可分的干扰因素；笑则通过强调这些起伏的形状而发挥有益的作用。

海面波涛汹涌，海底却寂静无声。波浪在相互碰撞、相互抵消中寻找平衡。白色的泡沫轻盈欢快，追随着浪花不断变化的轮廓。退去的海浪不时在沙滩上留下残余的泡沫。在附近玩耍的孩童掬起一把，一转眼却惊讶地发现，手掌中只剩下几滴比海浪带来的泡沫更咸、更苦的水珠。笑的产生如同泡沫，它标志着社会生活表面的肤浅反抗，它即刻勾勒出这些动荡的形态。笑亦是含盐的泡沫，它像泡沫那般闪闪发光。它就是欢乐本身。不过，哲学家若细咂其味，有时微量就能品出苦涩的余味。

附　录

（第23版）

关于滑稽的定义和本书的研究方法

伊夫·德拉热先生在《每月评论》上发表了一篇有趣的文章，反驳我们对滑稽的理解，并提出他对滑稽的定义："要使事物变得滑稽，因果之间必须存在不和谐。"鉴于大多数研究滑稽的学者都遵循德拉热先生提出该定义的方法，因此有必要说明我们的方法与之有何不同。我们将重述在《每月评论》上发表回应的要点：

我们可以通过一个或多个外显的一般特征来定义滑稽，这些特征存在于东寻西觅的滑稽效果中。

自亚里士多德以来，此类定义不可胜数；您的定义似乎是通过这种方法得出的：先画一个圆圈，然后证明圆圈中包含了随机选取的滑稽效果。只要敏锐的观察者洞察到这些特征，它们无疑就具有滑稽性；但它们也经常出现在非滑稽效果中。这一定义通常过于宽泛。它满足了——我承认这已初具价值——定义的逻辑要求之一，即指出某些必要条件；但就所采用的方法而言，它无法提供充分条件。事实证明，尽管若干定义同样可接受，但它们说的并不是一回事。最重要的是，据我所知，这些定义都没有提供构建所定义对象、制造滑稽的方法，本书的若干段落已简要说明某些定义的不足之处。

我做出了完全不同的尝试，即在喜剧、闹剧和小丑艺术等方面寻找制造滑稽的方法。这些方法都是某个更普遍主题的变体。为简化起见，我指明了主题，但最重要的还是变体。无论如何，主题提供了一般定义，此处则是一种构建规则。我承认，通过这种方法得到的定义乍看之下或许过于狭隘，就像通过另一种方法得到的定义过于宽泛。它之所以显得过于狭隘，是因为除了本质或因其内部结构而可笑的事物之外，还有许多因与其表面相似或与其他相似事物存在偶然关系而可笑的事物等；滑稽的弹跳无穷无尽，因为我们爱笑，所以我们总能找到笑的借口；此处的思想联想机制极为复杂，以至于用这种方法来研究滑稽的心理学家将面临不断频出的困难，而非一劳永逸地用某个公式来框定滑稽，总会有人指责他没有解释清楚所有事实。当他将自己的理论应用于他人所举的例证，并证明它们因与本质可笑的事物相似而变得滑稽时，他人极易举出其他例证，甚至更多例证：他的工作将永无尽头。相反，他将把握滑稽的本质，而非将其限制在某个或大或小的圆圈内。如果他做到了，他将提供制造滑稽的方法。他将以学者严谨审慎的态度进行研究，当他给某种事物冠以某个名号时——无论该名号何等贴切（总有许多合适的名号），他都不会认为自己对该事物的认识有所精进：我们需要的是分析，当我们能够将事物重组时，就能确信已经分析完毕。这就是我尝试在做的工作。

需要补充的一点是，我在探究滑稽的制造方法的同时，也在探寻社会发笑的意图。因为众人之笑极为奇怪，而我之前提到的解释方法并未解开这个小谜团。举例来说，我不明白为何"不和谐"会引发观者特定的表现，譬如笑，而许多其他特性、优点或缺点却让观者面不改色。因此，我们还需探究因不和谐而产生滑稽效果的特殊原因，只有当我们能够解释为何社会在这种情况下必须有所表现时，我们才算真正找到了原因。因为社会以一种看似防御性的、略带恐吓性的姿态来回应滑稽，所以滑稽

的起因中必然存在某种轻微地（而且是特定地）冒

犯社会生活之物。这就是我想解释的地方。

图书在版编目（CIP）数据

笑的哲学 /（法）亨利·柏格森著；李怡锐译. --
沈阳：万卷出版有限责任公司，2024.7
　　ISBN 978-7-5470-6473-3

　　Ⅰ.①笑… Ⅱ.①亨… ②李… Ⅲ.①喜 Ⅳ.
①B83

中国国家版本馆CIP数据核字（2024）第053632号

出 品 人：王维良
出版发行：北方联合出版传媒（集团）股份有限公司
　　　　　万卷出版有限责任公司
　　　　　（地址：沈阳市和平区十一纬路29号　邮编：110003）
印 刷 者：辽宁新华印务有限公司
经 销 者：全国新华书店
幅面尺寸：145mm×210mm
字　　数：100千字
印　　张：6
出版时间：2024年7月第1版
印刷时间：2024年7月第1次印刷
责任编辑：王　越
责任校对：张　莹
装帧设计：李英辉
ISBN 978-7-5470-6473-3
定　　价：38.00元
联系电话：024-23284090
传　　真：024-23284448